MILITARY
FROM THE TIME OF
FREDERICK THE GREAT

Die Soldaten Friedrich's des Grossen

MILITARY
FROM THE TIME OF
FREDERICK THE GREAT
Die Soldaten Friedrich's des Grossen

The Naval & Military Press

Published by

The Naval & Military Press Ltd
Unit 5 Riverside
Bellbrook Industrial Estate
Uckfield, East Sussex
TN22 1QQ
England

Tel: +44 (0) 1825 749494

www.naval-military-press.com

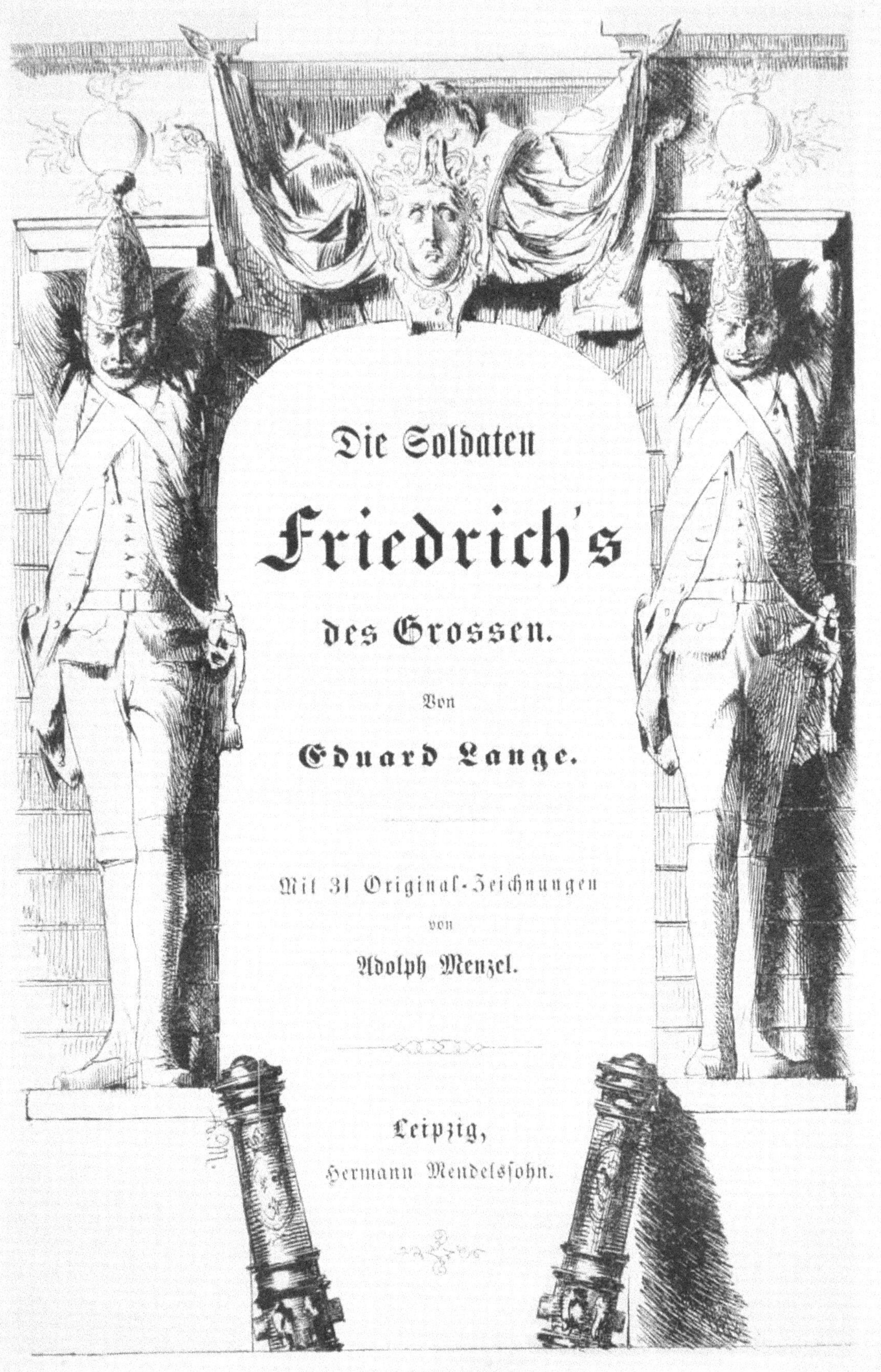
Die Soldaten
Friedrich's
des Grossen.
Von
Eduard Lange.
Mit 31 Original-Zeichnungen
von
Adolph Menzel.
Leipzig,
Hermann Mendelssohn.

INDEX TO PLATES

DIE SOLDATEN FRIEDRICH'S DES GROSSEN.
MILITARY FROM THE TIME OF FREDERICK THE GREAT

Title page.

1. Frontis. Konig Frederich der Grosse.
2. Dreizehntes Infanterie-Regiment. (1751-59)
3. Infanterie-Offiziere. Achtzehutes Regiment/Erstes Bataillon Garde/Grenadier-Garde-Bataillon.
4. Neunzehntes Infanterie-Regiment. (1731-1763) Tambour.
5. Zweiundzwanzigstes Infanterie-Regiment. 1741.
6. Feldjager/Siebenundzwanzigstes Infanterie-Regiment (Grenadiere).
7. Zweites Kurassier-Regiment.
8. Achtes Kurassier-Regiment (1757-73) Offizier.
9. Erstes Dragoner-Regiment/Zwolftes Kurassier-Regiment. Trompeter.
10. Viertes Husaren-Regiment. Offizier/Regiment Grenadiers zu Pferde.
11. Drittes Dragoner-Regiment. (1756) Offizier.
12. Vierzigstes und Achtundvierzigstes Infanterie-Regiment. (Fusiliere)
13. Garnison-Regiment Nr. 8 (Unteroffizier)/Feldpost/Hautboist der Fuss-Artillerie.
14. Jager-Corps zu Fuss.
15. Dragoner. (Regiment Nr.11)
16. Offizier. Lieb-Husaren-Regiment, Nr.2. 1741-86.
17. Offiziere. Drittes (1745-47) / Erstes (1758-67)/Achtes Husaren-Regiment (1758-79).
18. Husar.
19. Husar (Siebentes Regiment).
20. Bosniaken-Corps. Sommer-Uniform. Gemeiner & Offizier.
21. Bosnaiken-Corps. Winter-Uniform.
22. Reitende Artillerie.
23. Mineur-Corps. Offizier/Unteroffizier/Gemeiner.
24. Ingenieur-Corps. Conducteur & Offizier/Fuss-Artillerie. Offizier.
25. Adeliges Cadetten-Corps/Invaliden-Corps.
26. Feldprediger. Preussische Frei-Corps des Siebenjahrigen Krieges. Grenadiere/Preuszischer Kroat.
27. Grenadier-Garde-Bataillon (Nr.6) (1756).
28. Estes Bataillon Garde. (Infanterie-Regiment Nr.15) Gemeiner.
29. Garde du Corps (Nr.13)
30. Offizier. Flugel-Adjutant. Garde du Corps (Galla-Uniform)/Regiment Gensd'armes (Interims-Galla-Uniform).
31. Feldscherer/Husar Sechstes Regiment (1757-85 Werner).

1

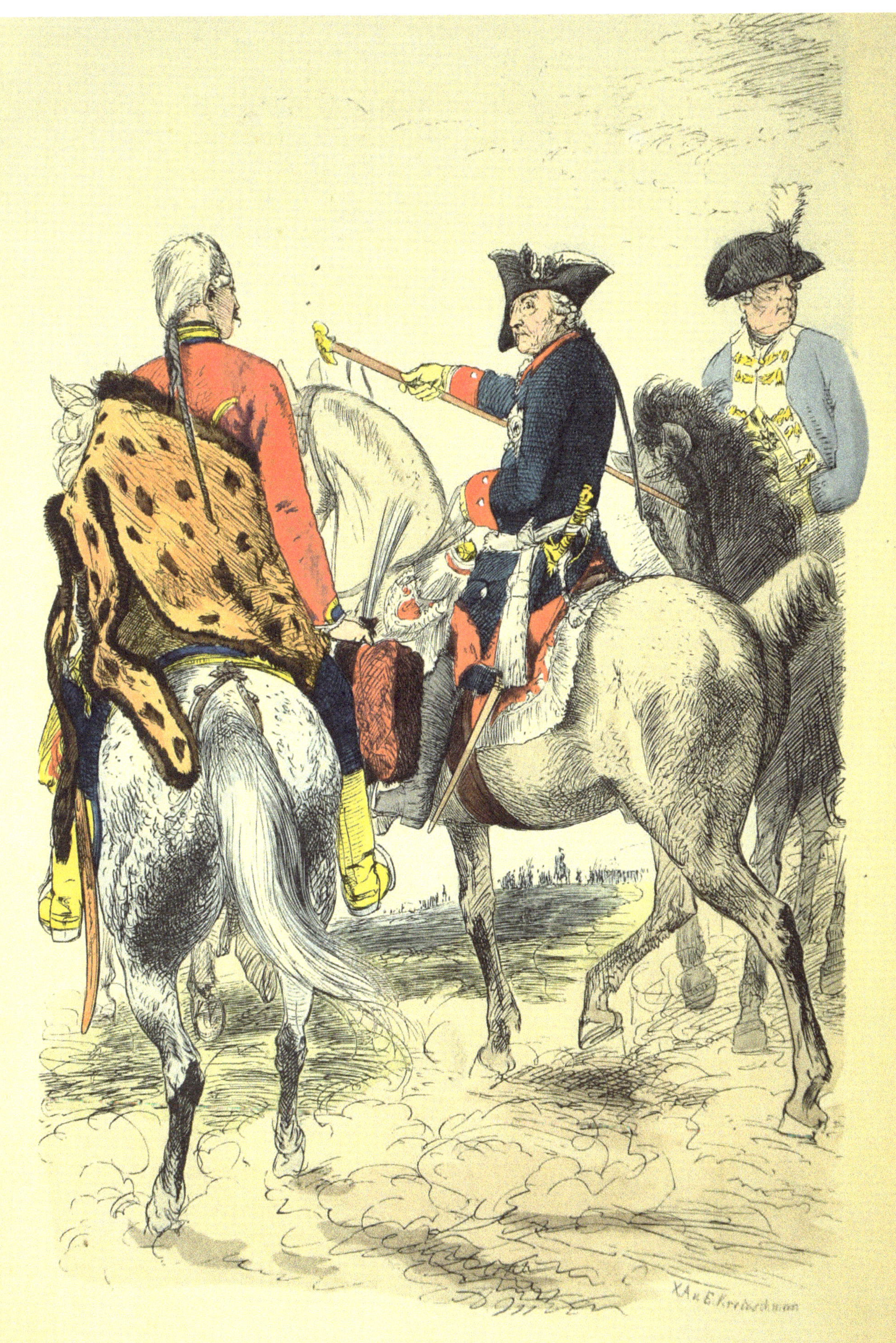

König Friedrich der Große.

2

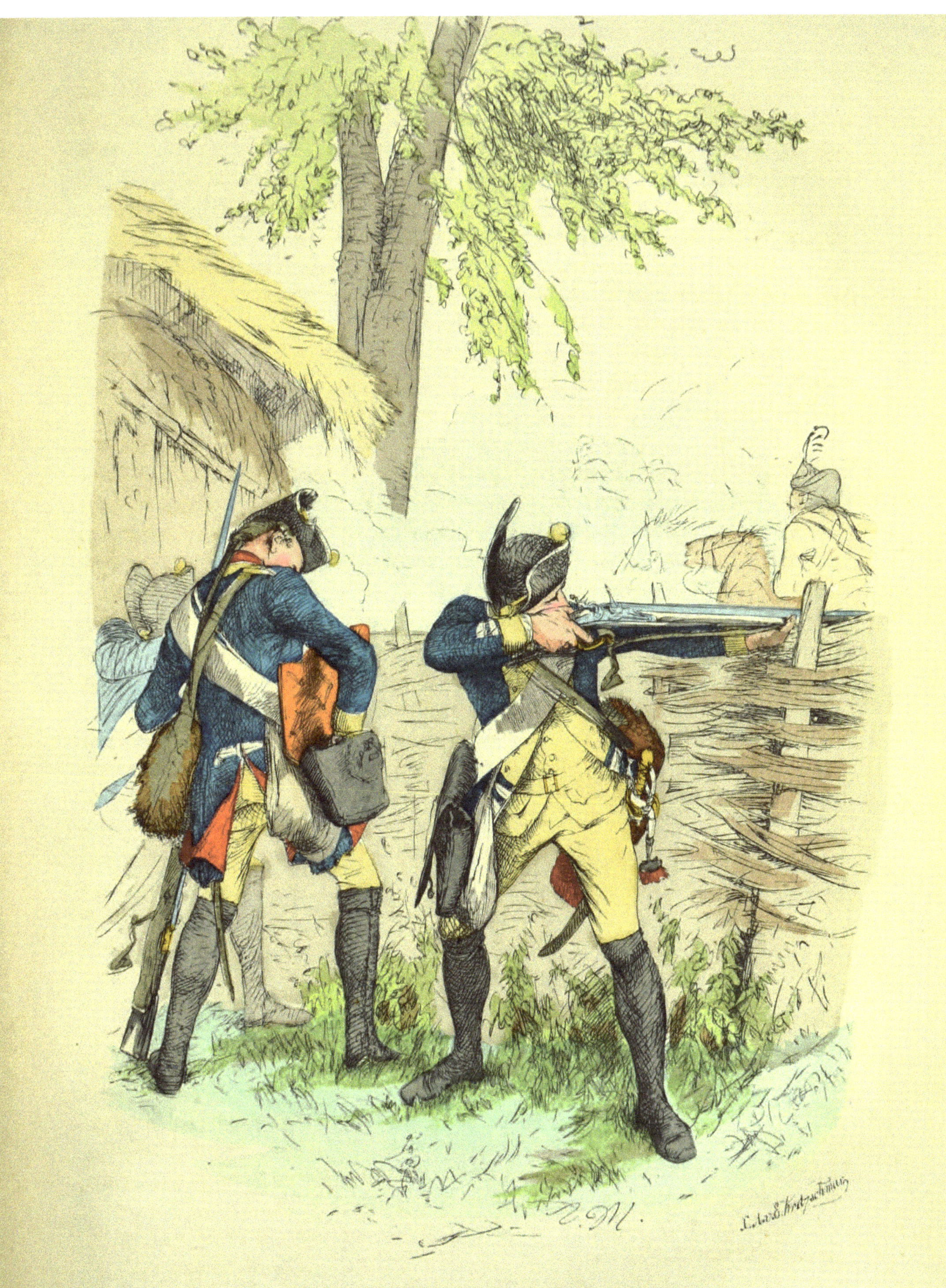

Dreizehntes Infanterie-Regiment.

(1751—59 v. Itzenplitz.)

3

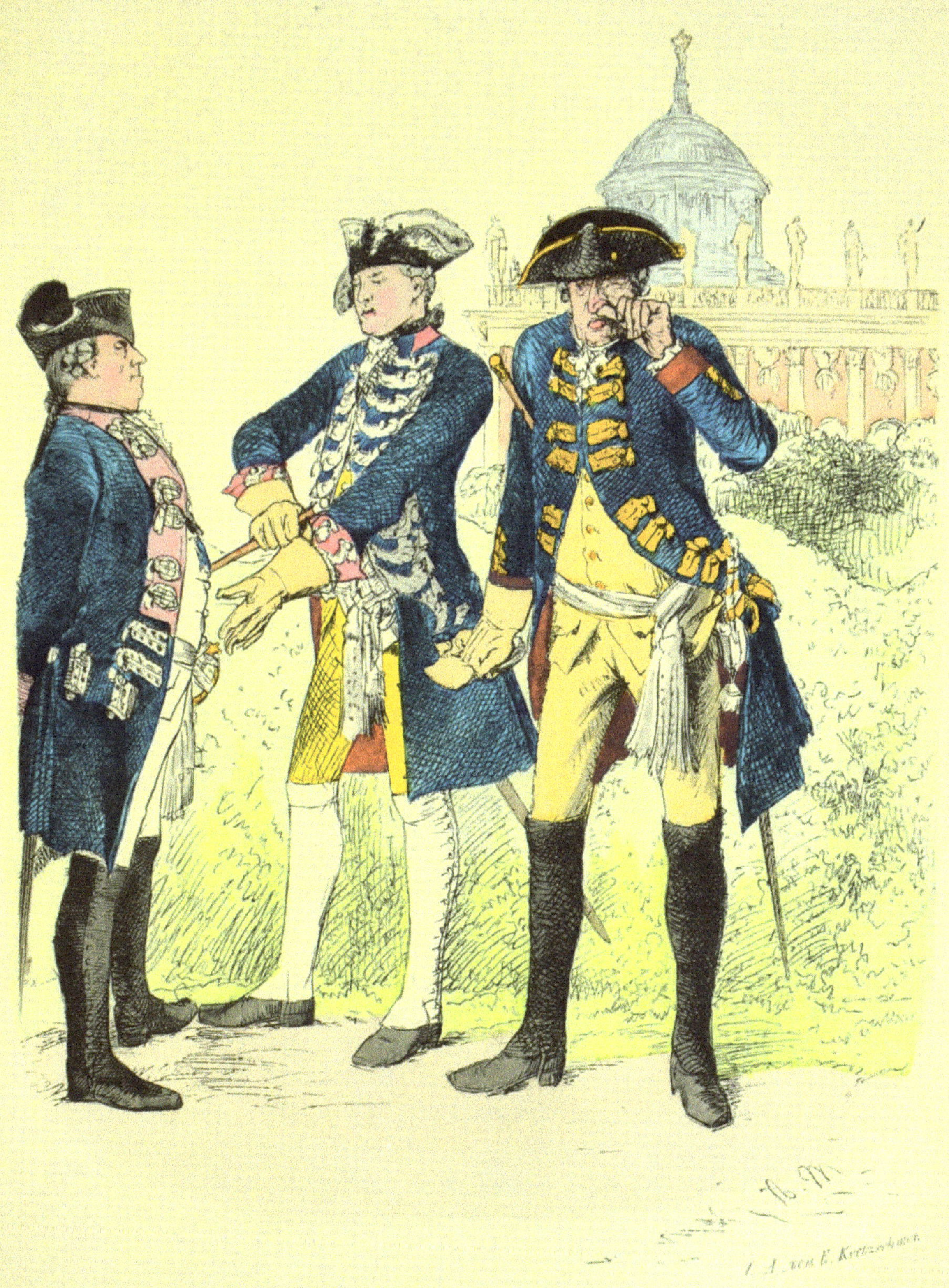

Infanterie-Offiziere.

Achtzehntes Regiment. — Erstes Bataillon Garde. — Grenadier-Garde-Bataillon.

(Seit 1742 Prinz von Preußen.) (Regiment Nr. 15.) (Nr. 6.)

4

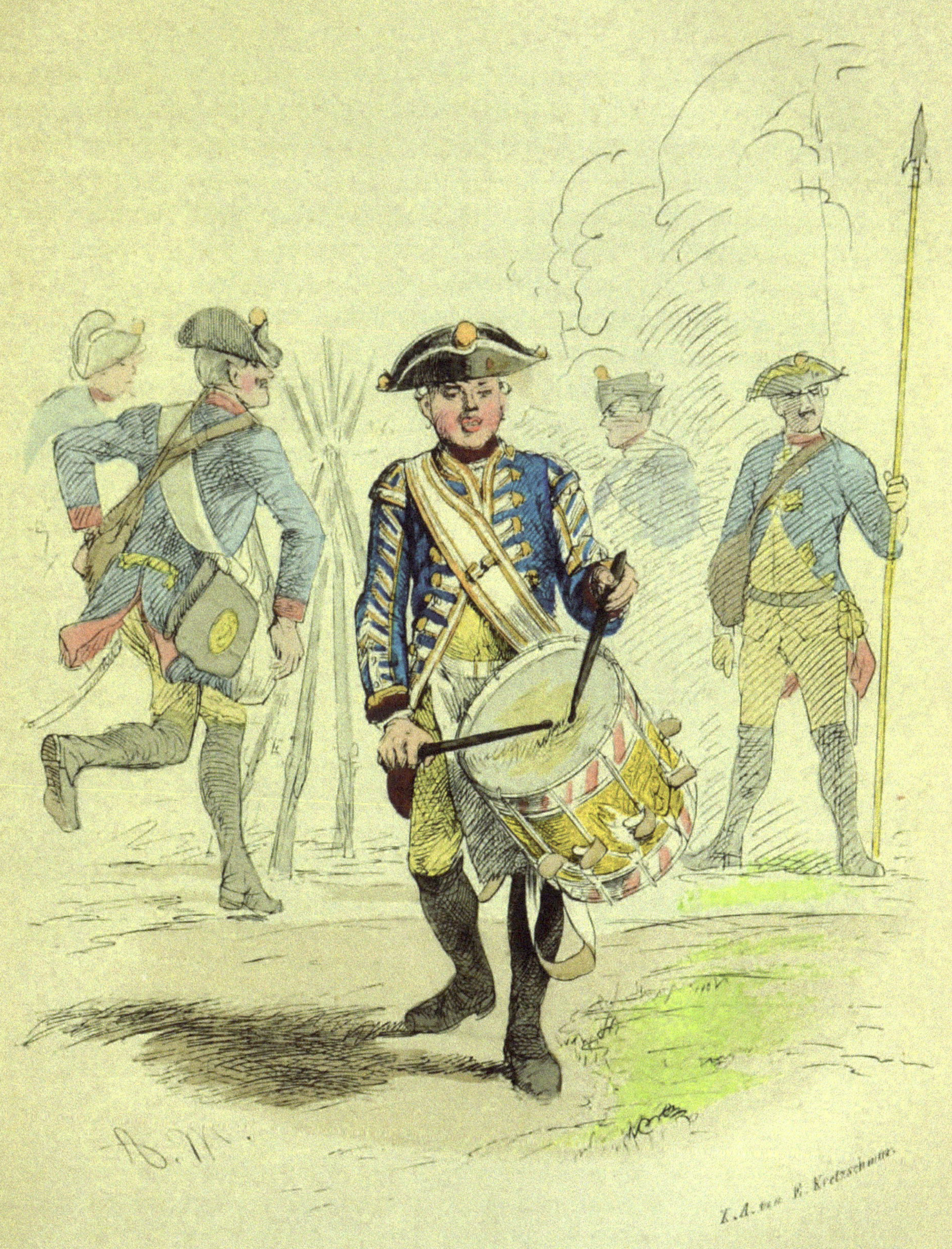

Neunzehntes Infanterie-Regiment.

(1731—1763 Markgraf Carl.)

Tambour.

5

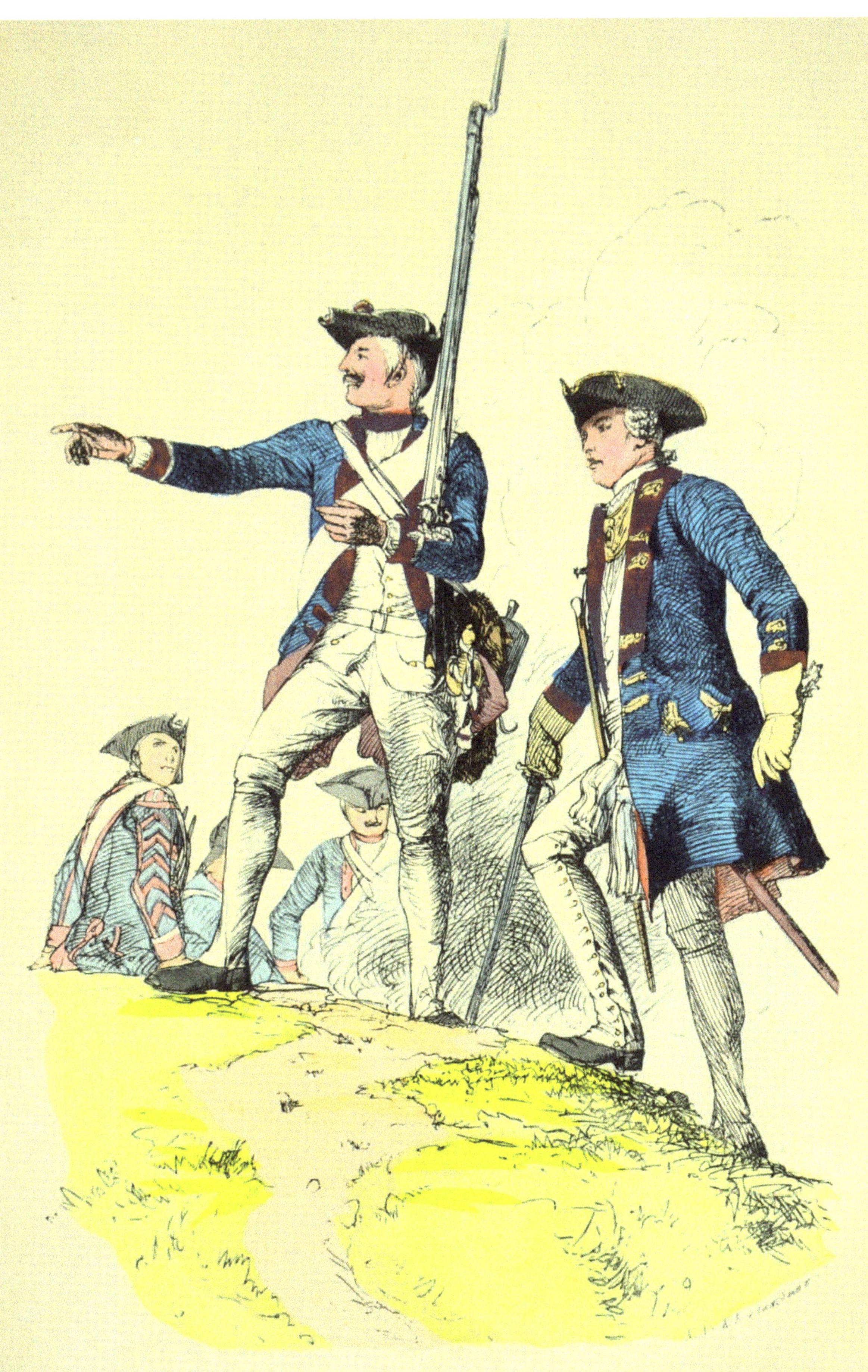

Zweiundzwanzigstes Infanterie-Regiment. 1741.

(Bis 1760 Prinz Moritz von Anhalt-Dessau.)

6

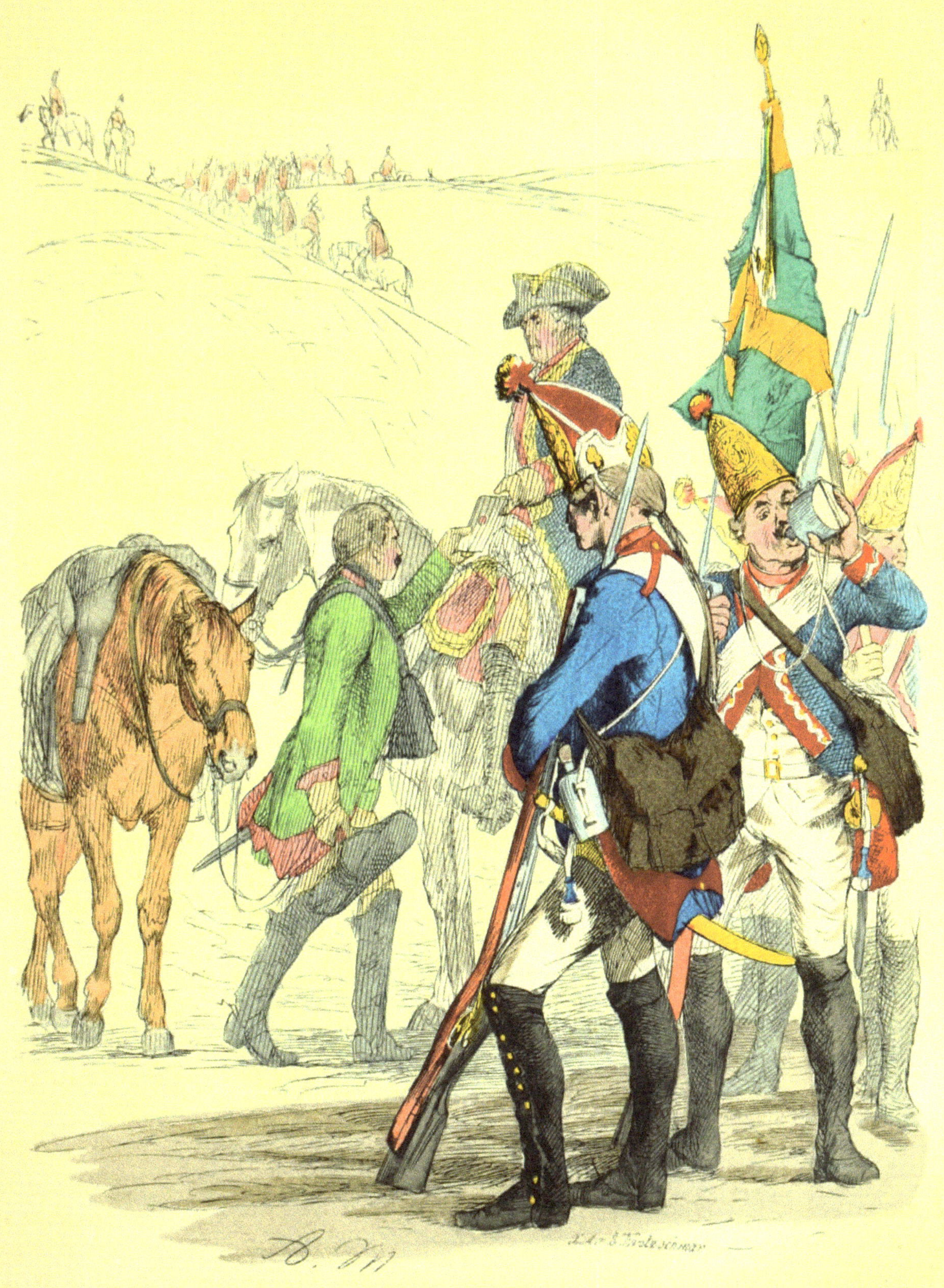

Feldjäger zu Pferde. Siebenundzwanzigstes Infanterie-Regiment. (Grenadiere.)

7

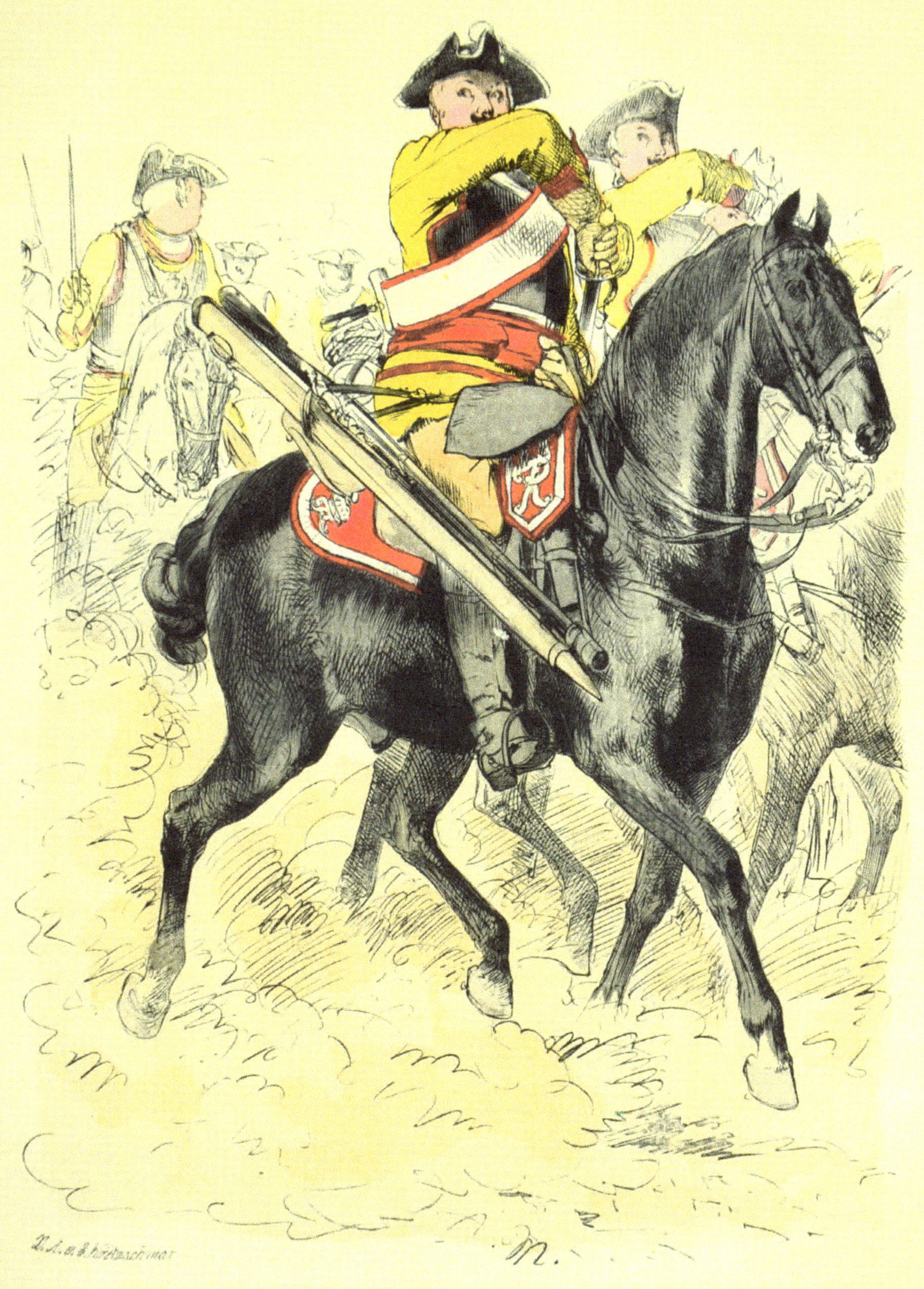

Zweites Kürassier-Regiment.

(Seit 1674 Kur- und von 1701—42 Kronprinzliches Regiment. Von 1742 bis 1758 Prinz von Preußen.)

8

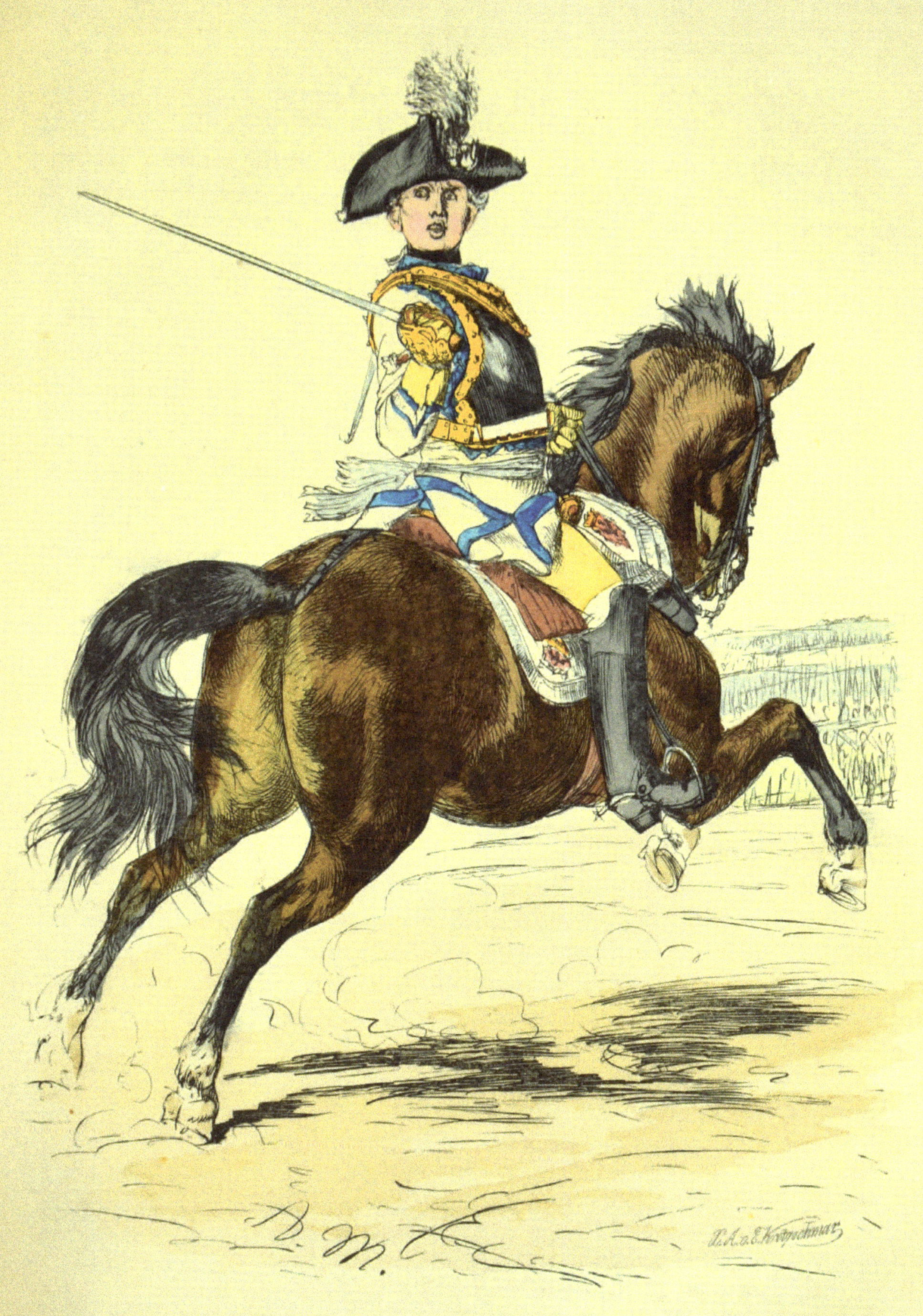

Achtes Kürassier-Regiment.

(1757—73 v. Seydlitz.)

Offizier.

9

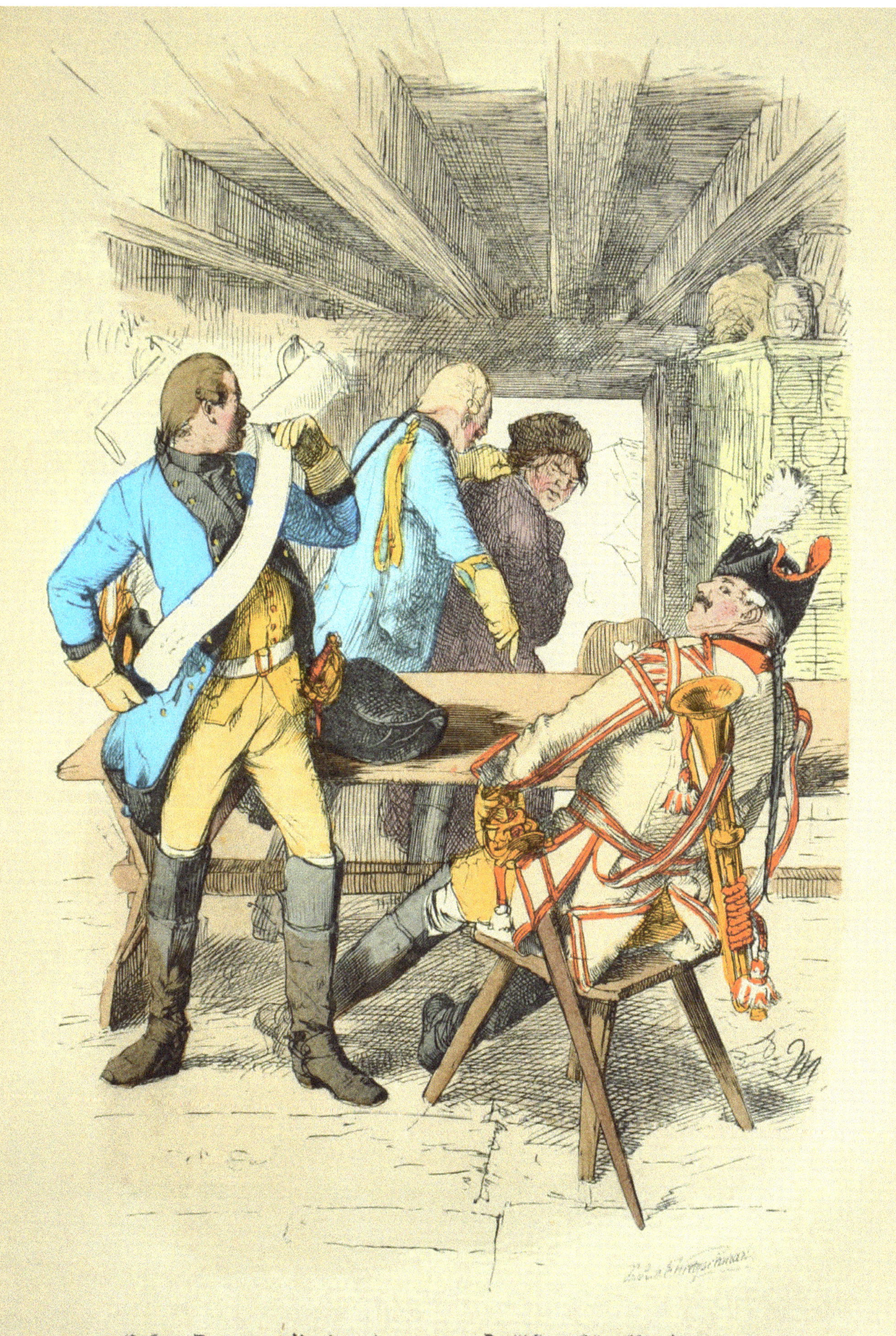

Erstes Dragoner-Regiment. — Zwölftes Kürassier-Regiment.
Trompeter.

10

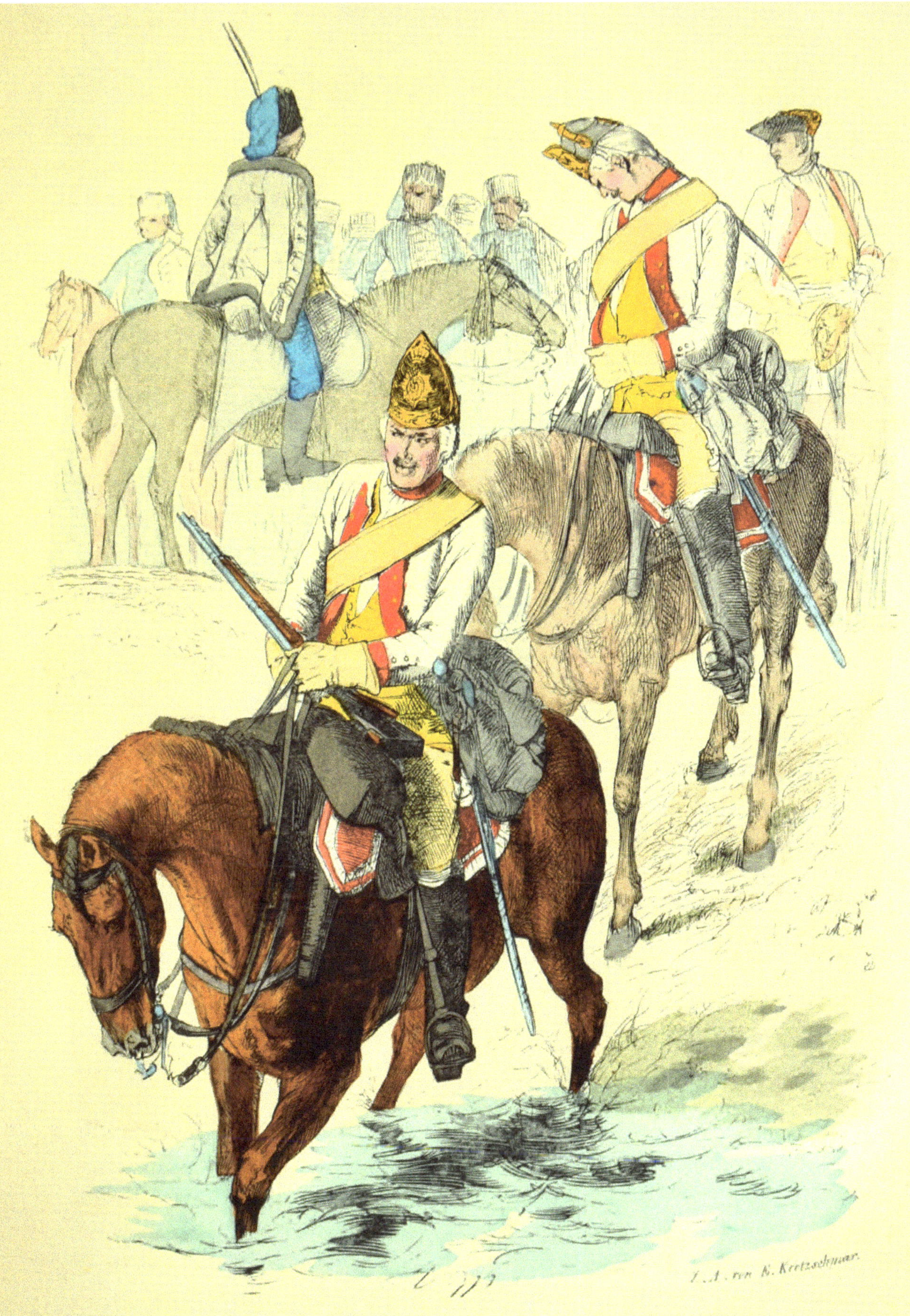

Viertes Husaren-Regiment. — **Regiment Grenadiers zu Pferde.**

Offizier. (1740 drittes Dragoner-Regiment, welches 1741 in das 3. und 4. Dragoner-Regiment getheilt wurde.)

11

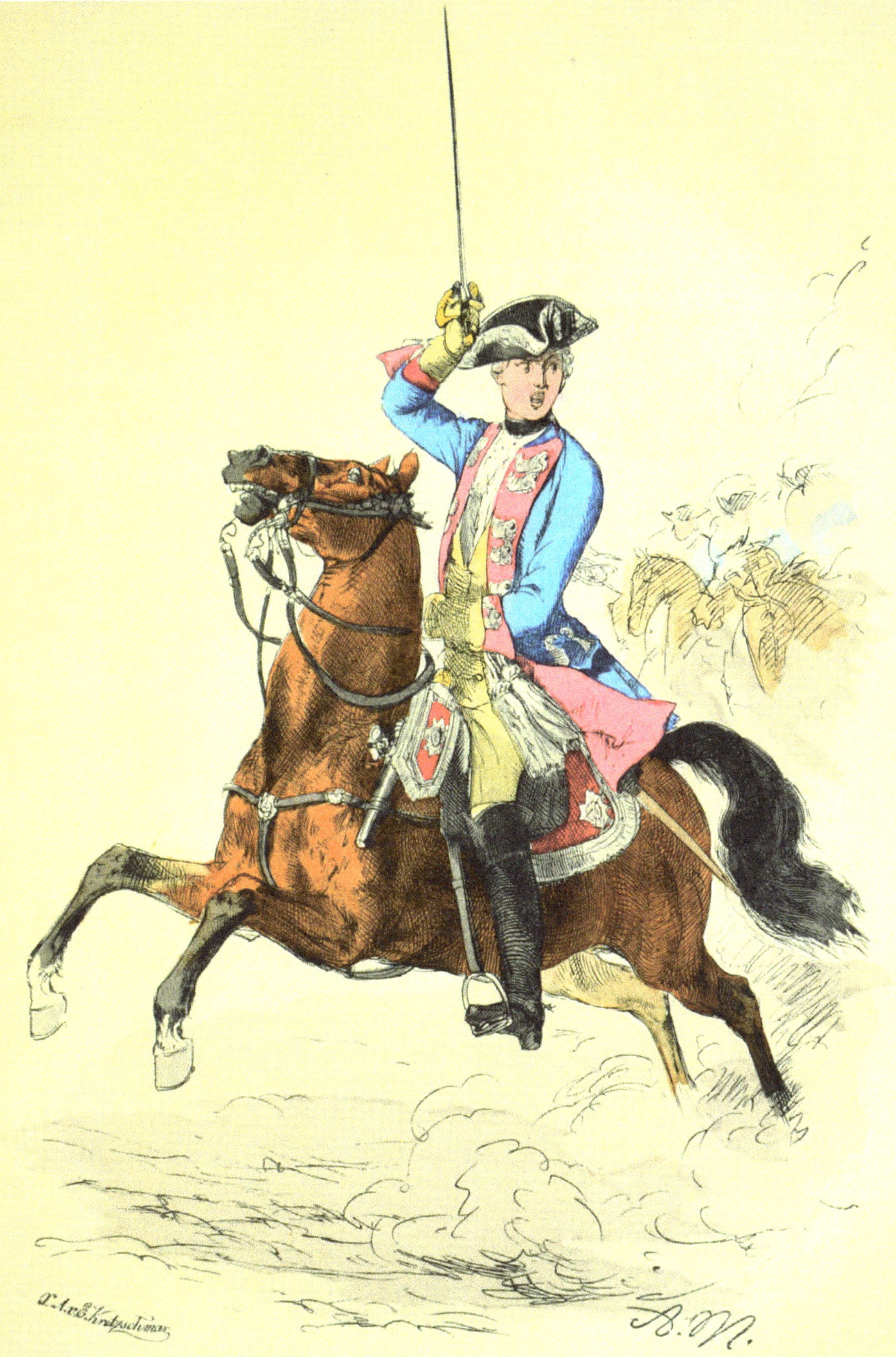

Drittes Dragoner-Regiment.

(1756.)

(Seit 1808 Neumärkisches, von 1823 ab Drittes Dragoner-Regiment.)

Offizier.

12

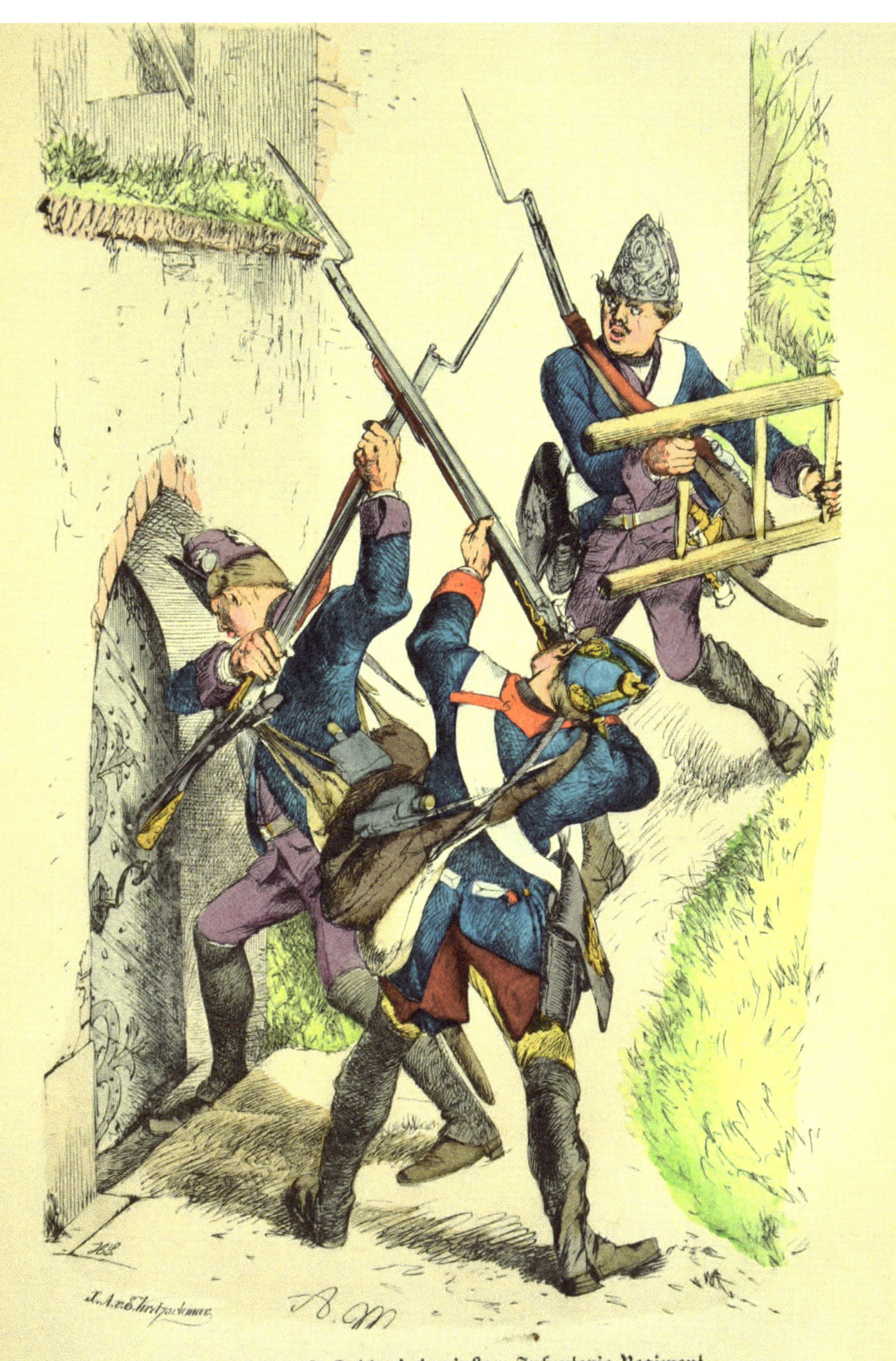

Vierzigstes und Achtundvierzigstes Infanterie-Regiment.

(Füsiliere.)

13

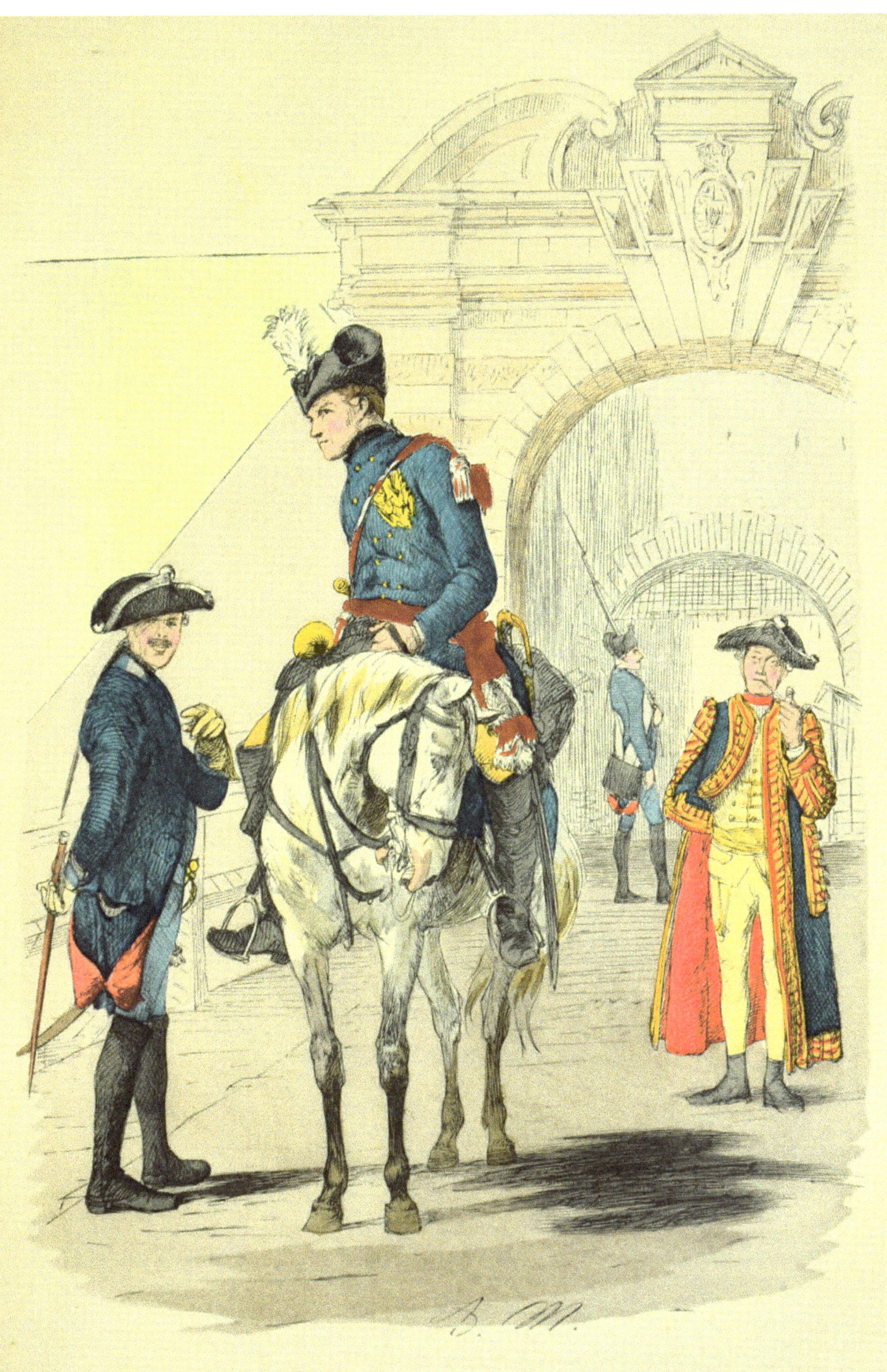

Garnison-Regiment Nr. 8.
Unteroffizier.

Feldpost.

Hautboist der Fuß-Artillerie.

14

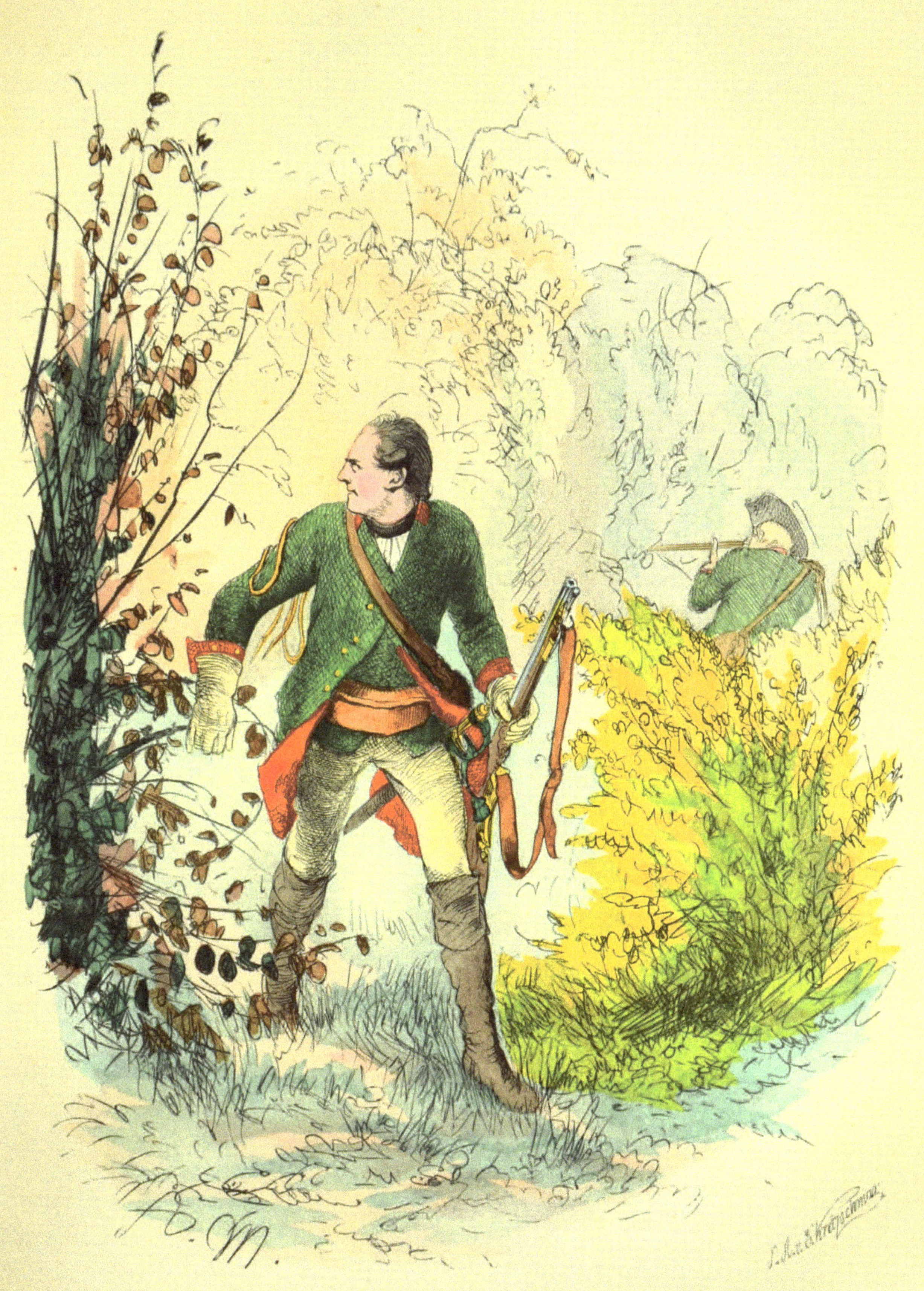

Jäger-Corps zu Fuß.

15

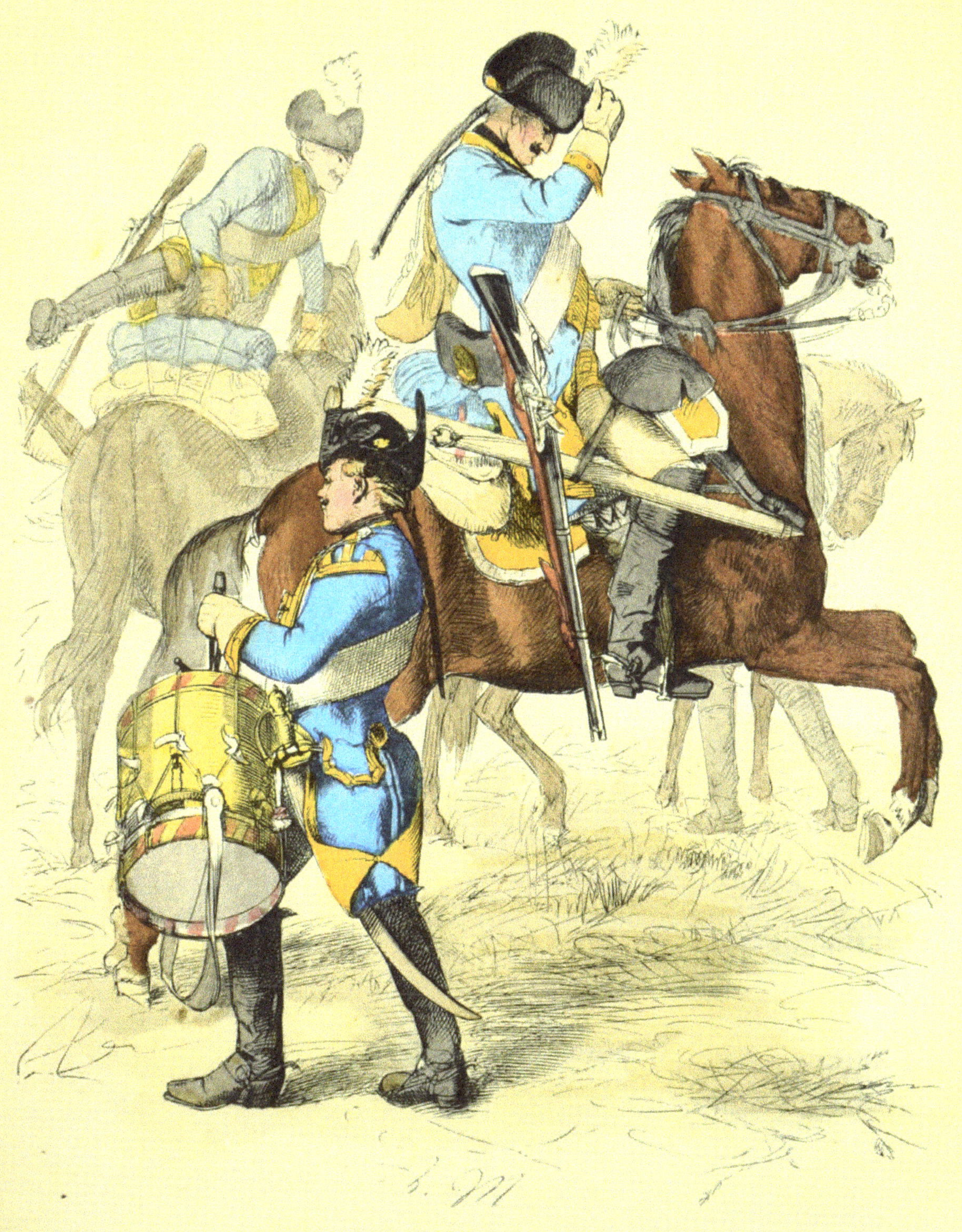

Dragoner.

(Regiment Nr. 11.)

16

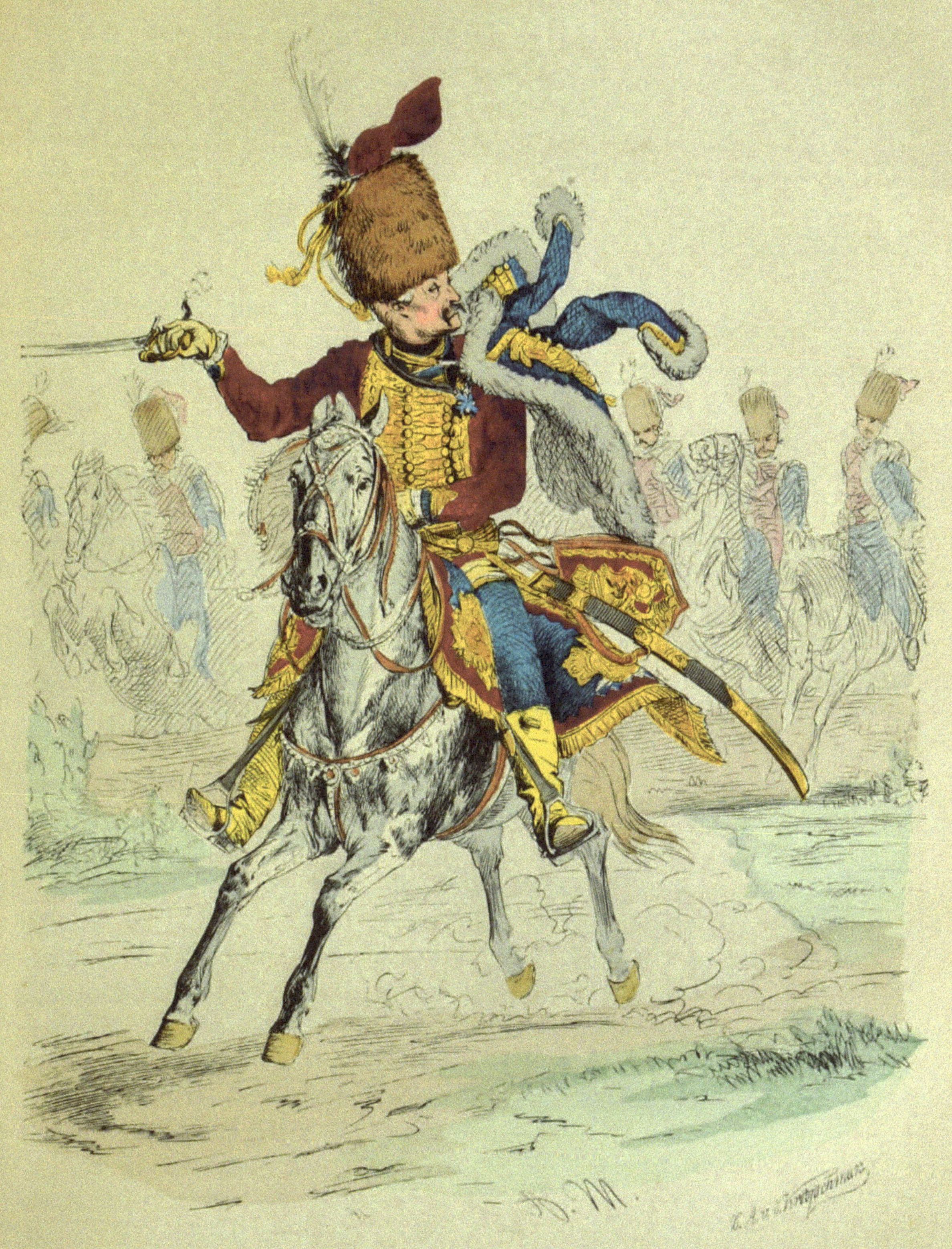

Offizier.

Leib-Husaren-Regiment, Nr. 2.

(v. Zieten.)

Von 1741—1786.

17

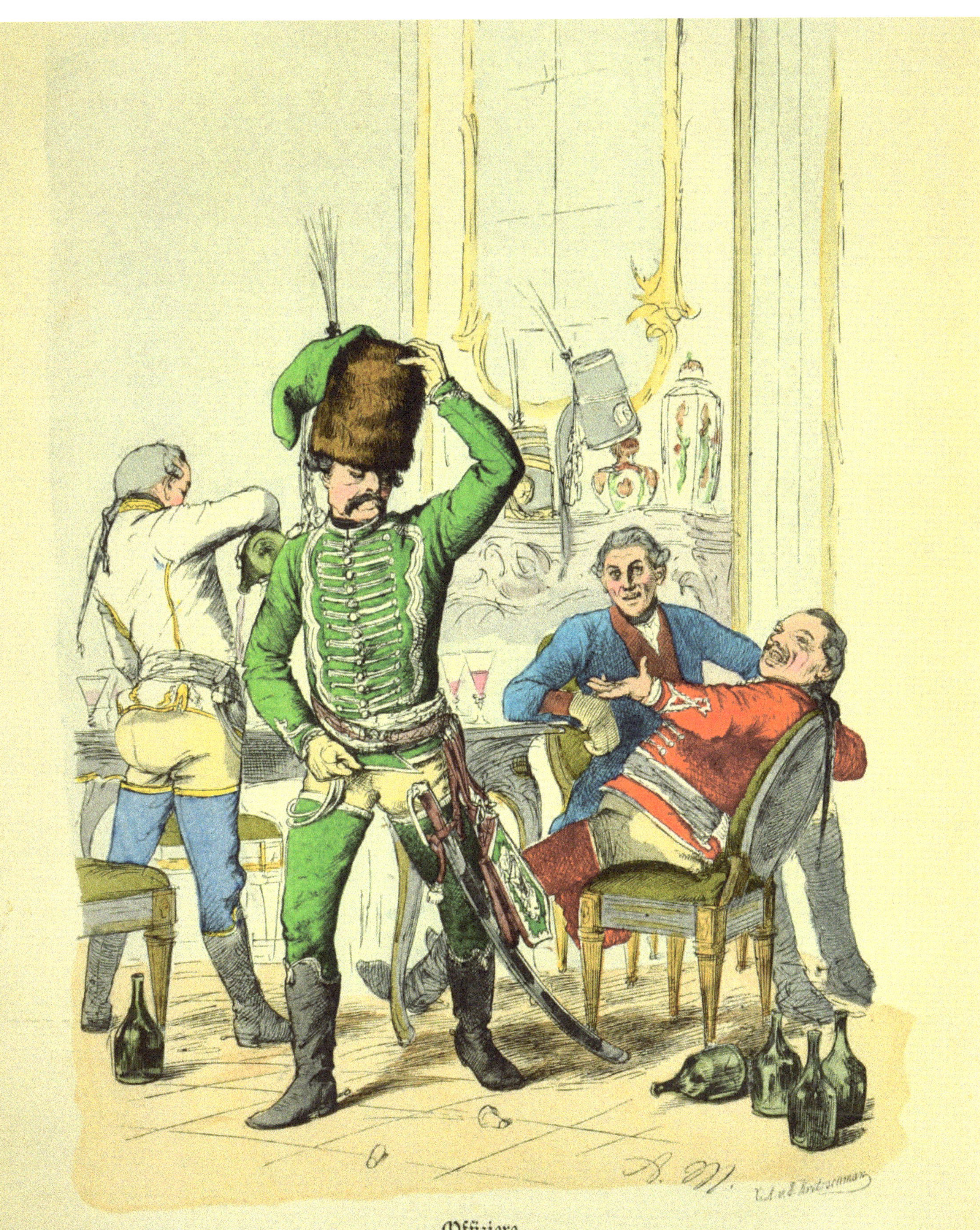

Offiziere.

Drittes- (1745–47 v. Wartenberg.) Erstes- (1758–67 v. Kleist.) Achtes Husaren-Regiment. (1758–79 v. Belling.)

Fünftes Dragoner-Regiment. (Anspach-Baireuth.)

18

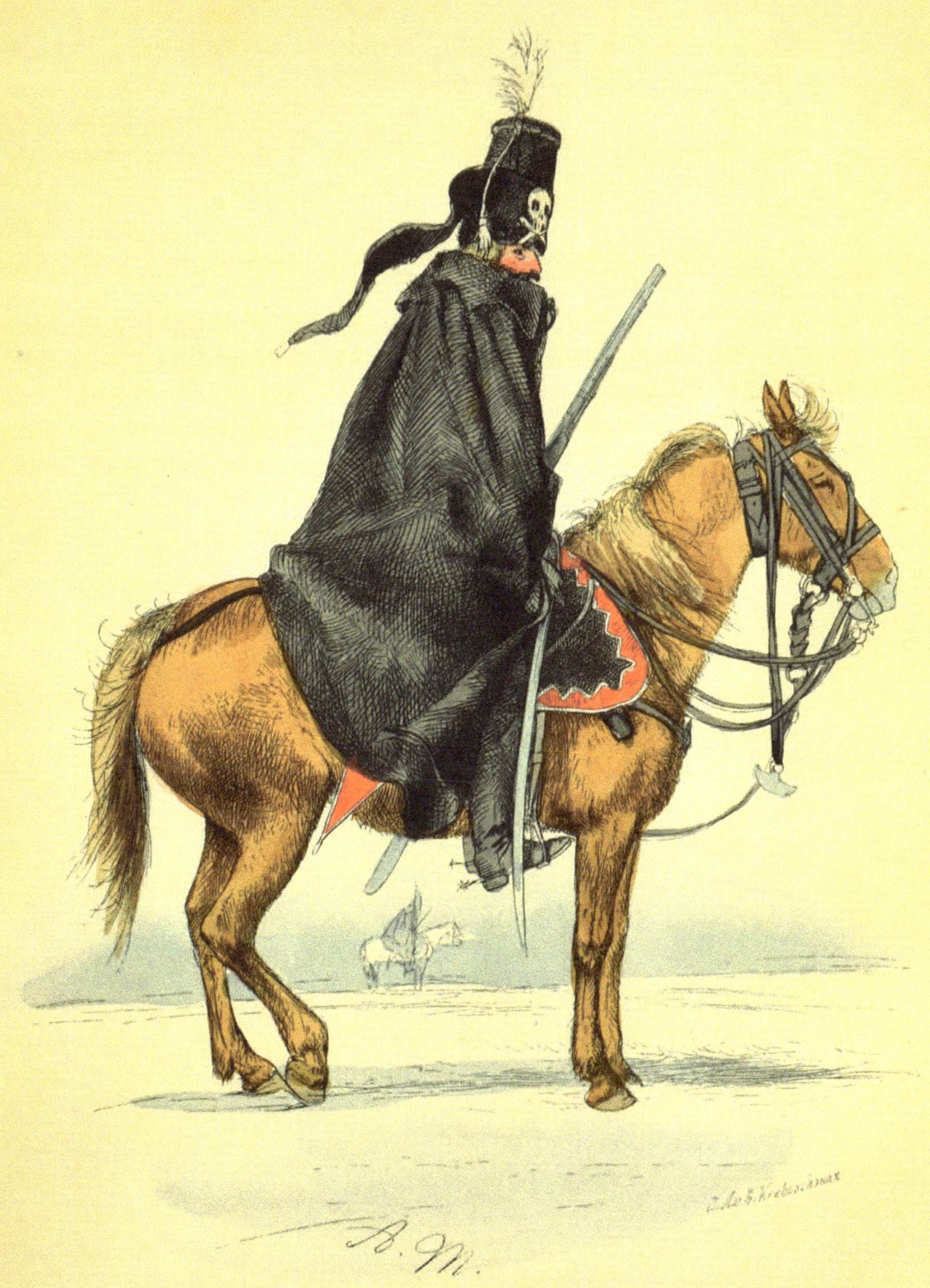

Husar.

Fünftes Regiment (genannt Todtenköpfe).

19

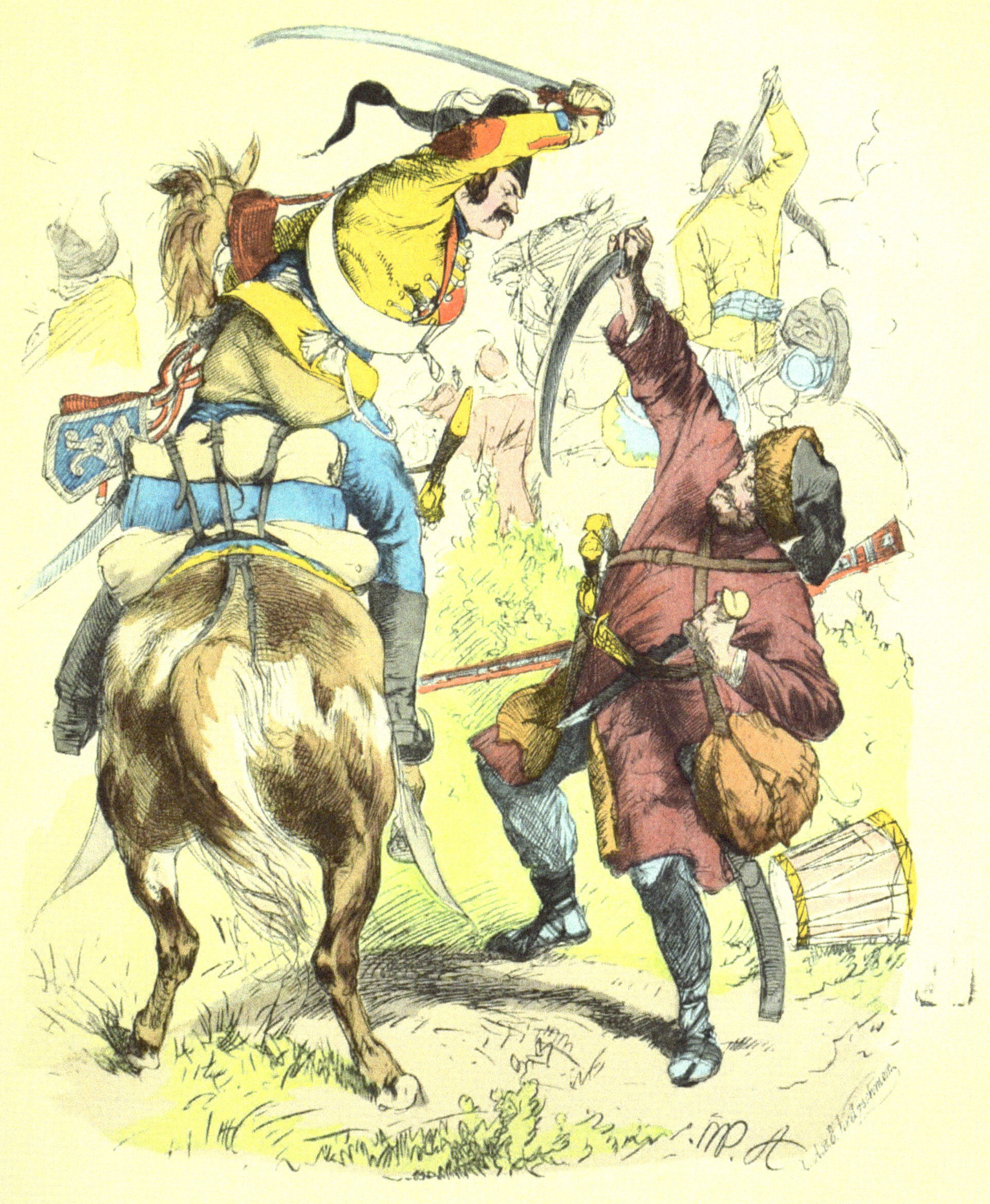

Husar.

(Siebentes Regiment.)

20

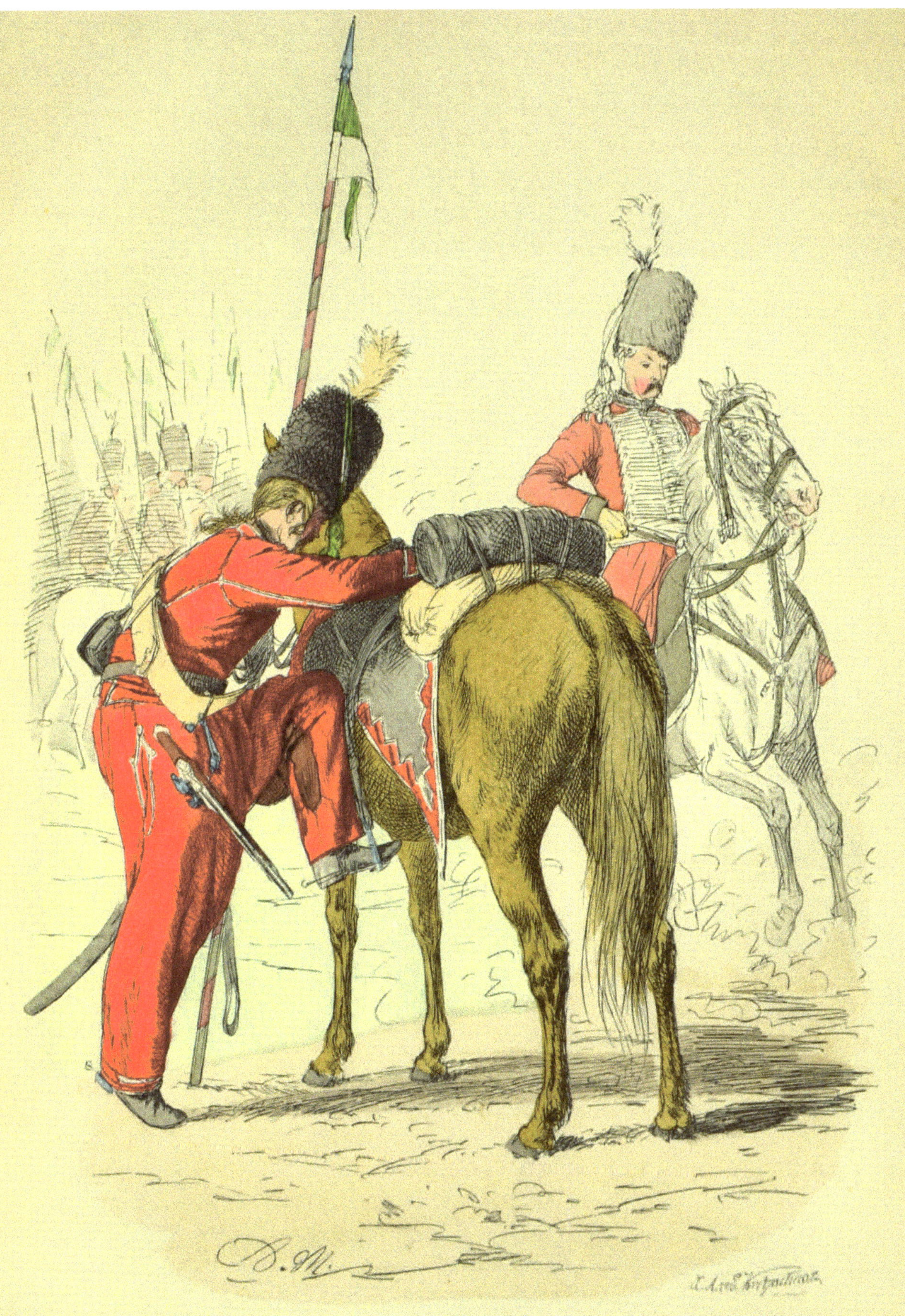

Bosniaken-Corps.

(Unter den Husaren-Regimentern Nr. 9.)

Sommer-Uniform.

Gemeiner. Offizier.

21

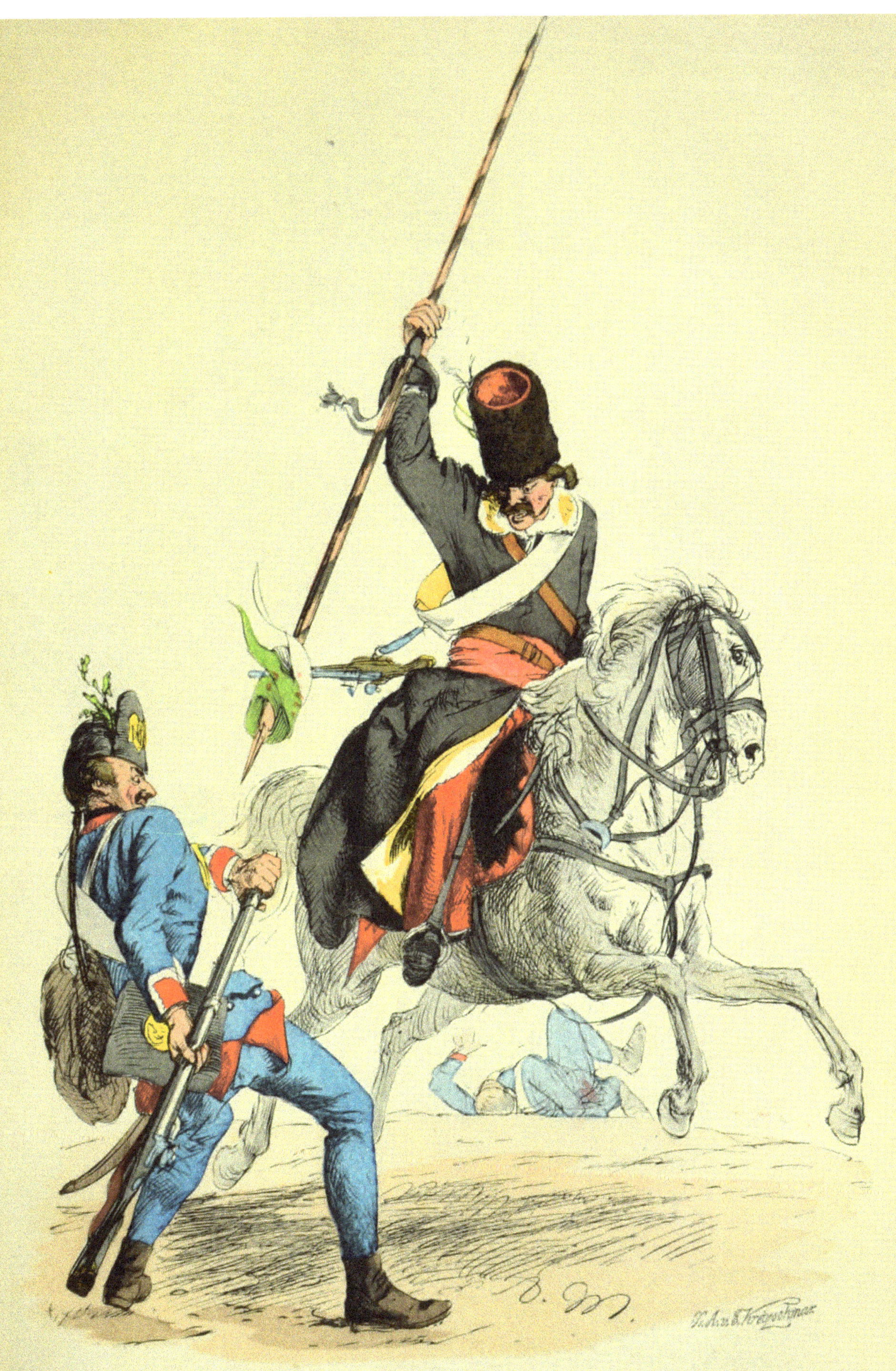

Bosniaken-Corps.

(Unter den Husaren-Regimentern Nr. 9.)

Winter-Uniform.

22

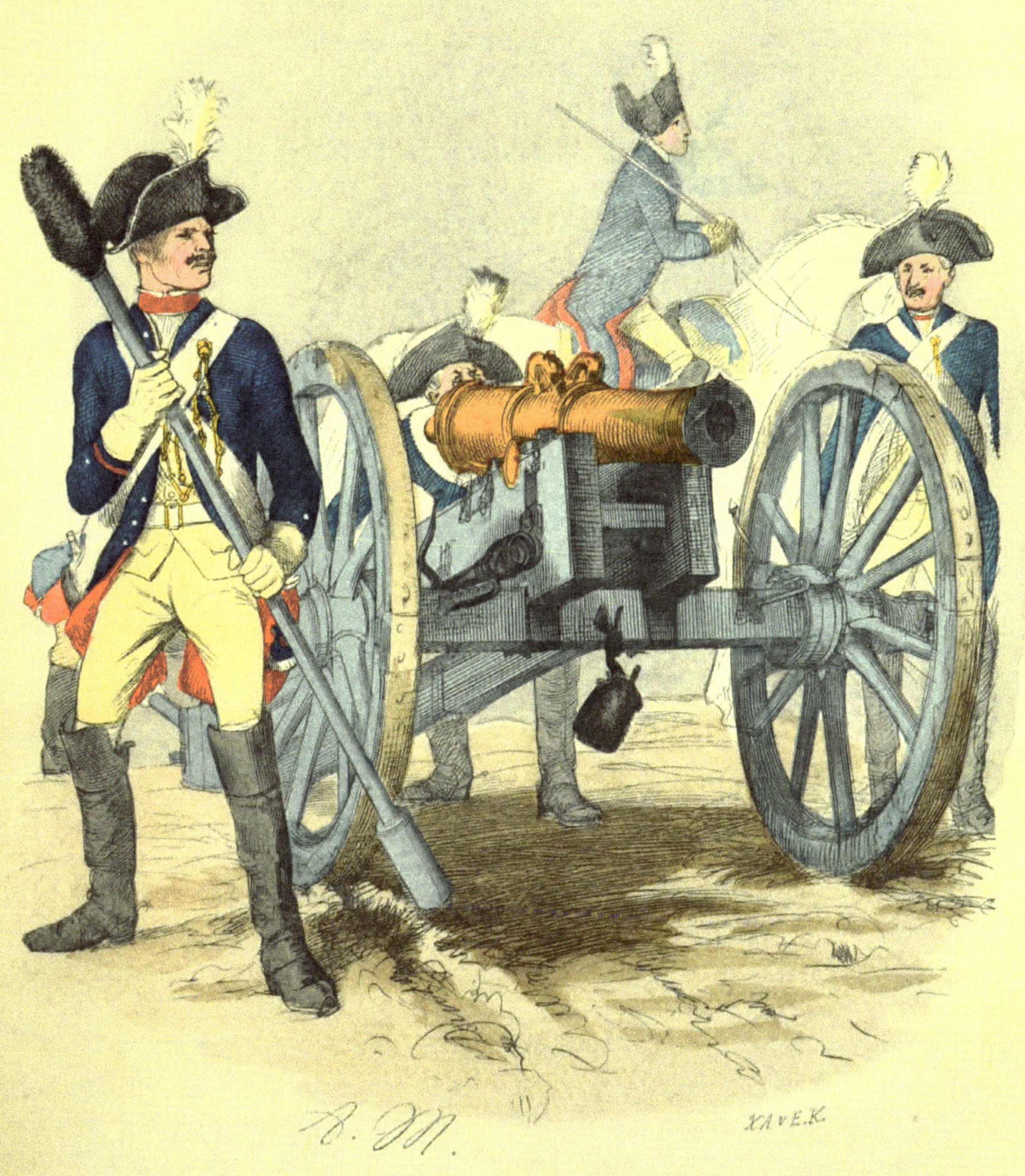

Reitende Artillerie.

23

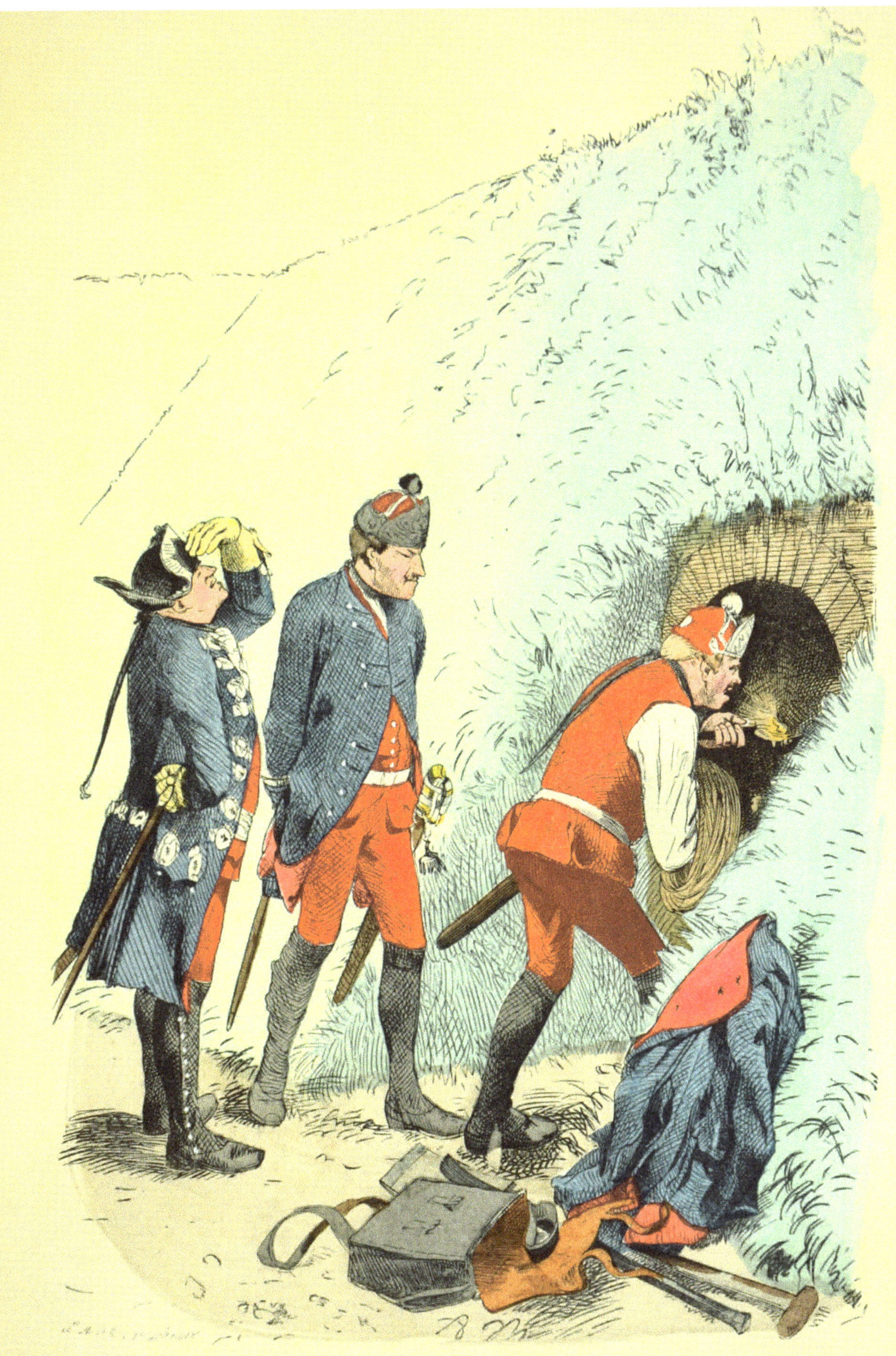

Mineur-Corps.

Offizier. Unteroffizier. Gemeiner.

24

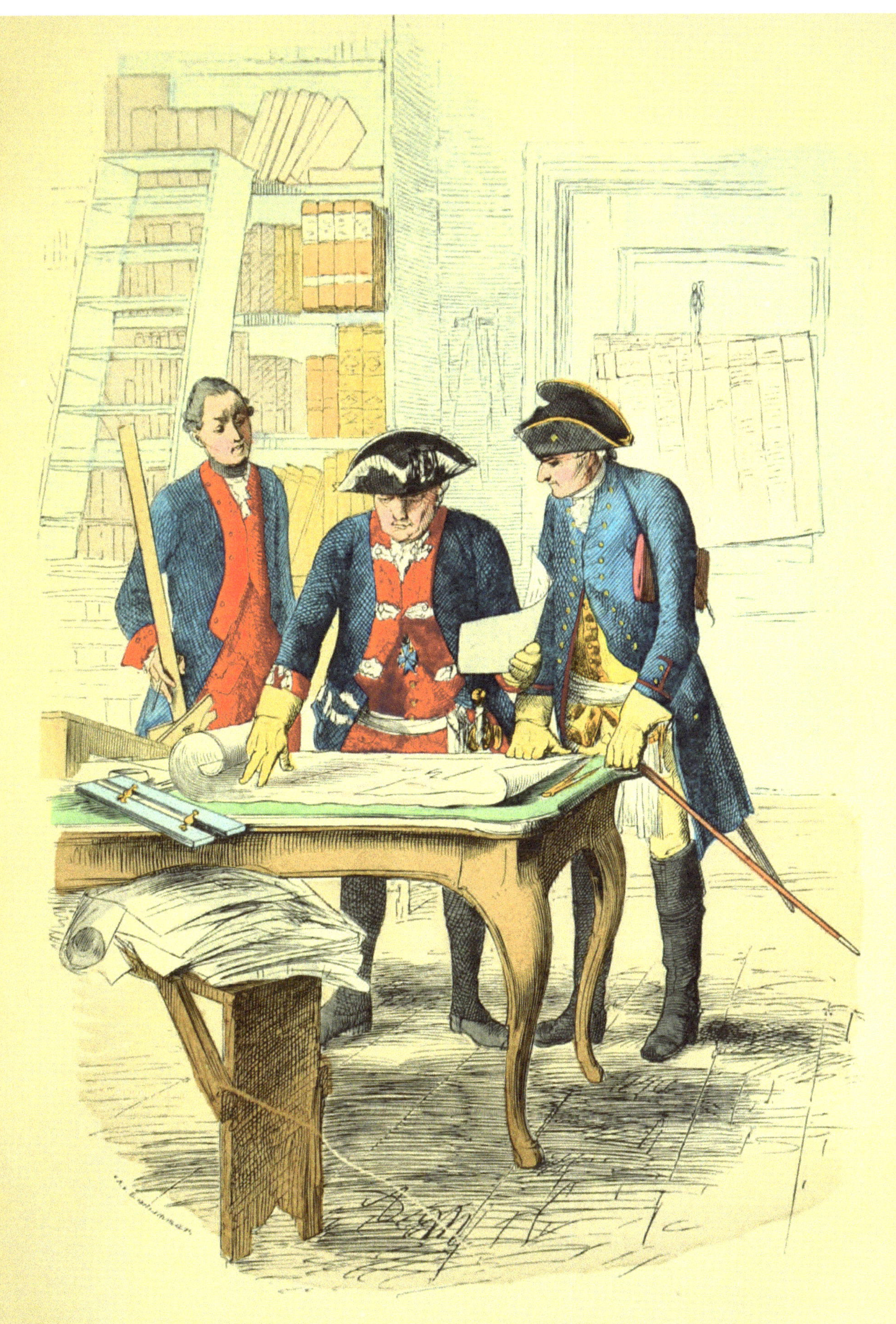

Ingenieur-Corps. — Fuß-Artillerie.

Conducteur. Offizier. Offizier.

25

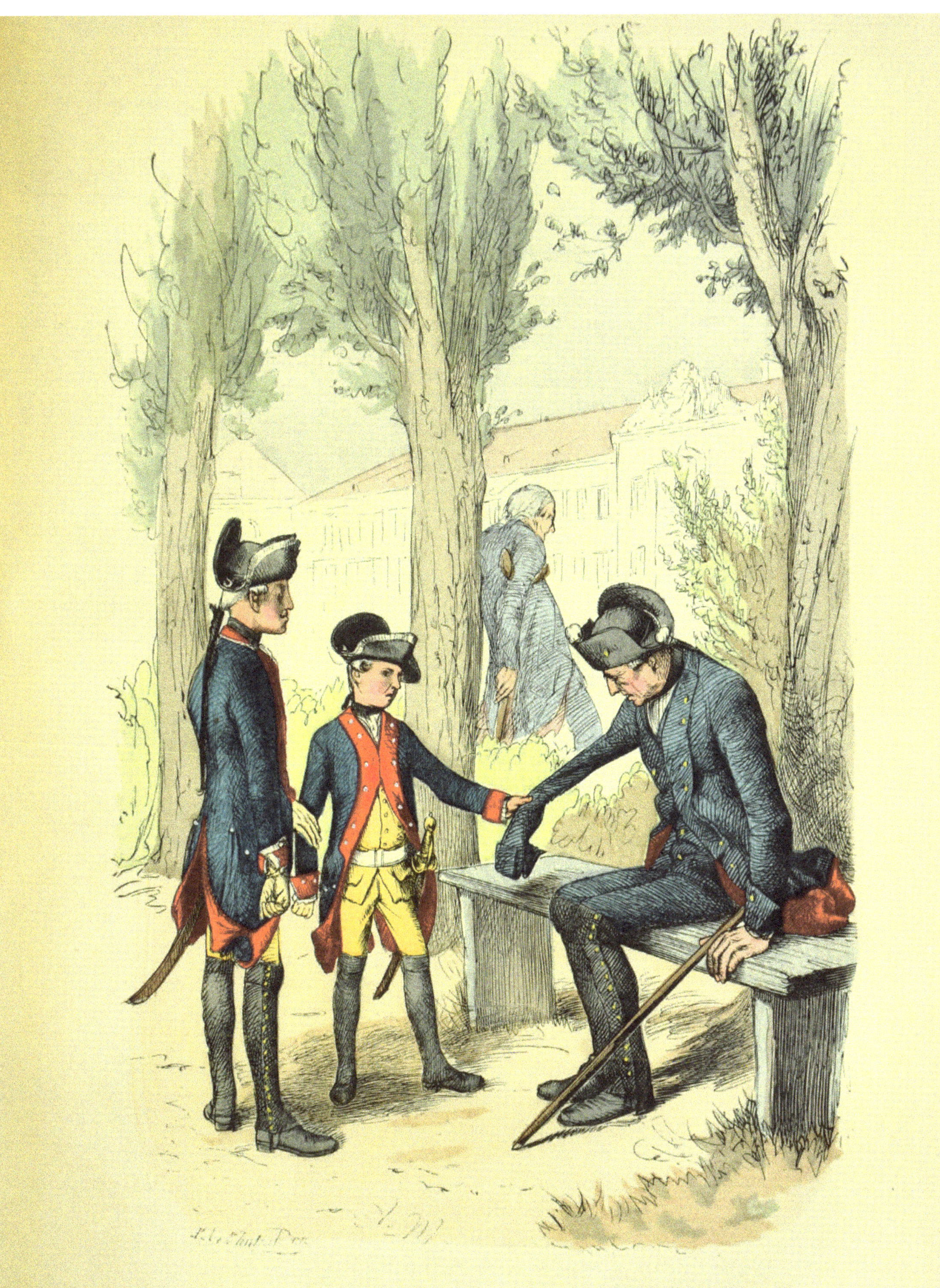

Adeliges Cadetten-Corps. Invaliden-Corps.

26

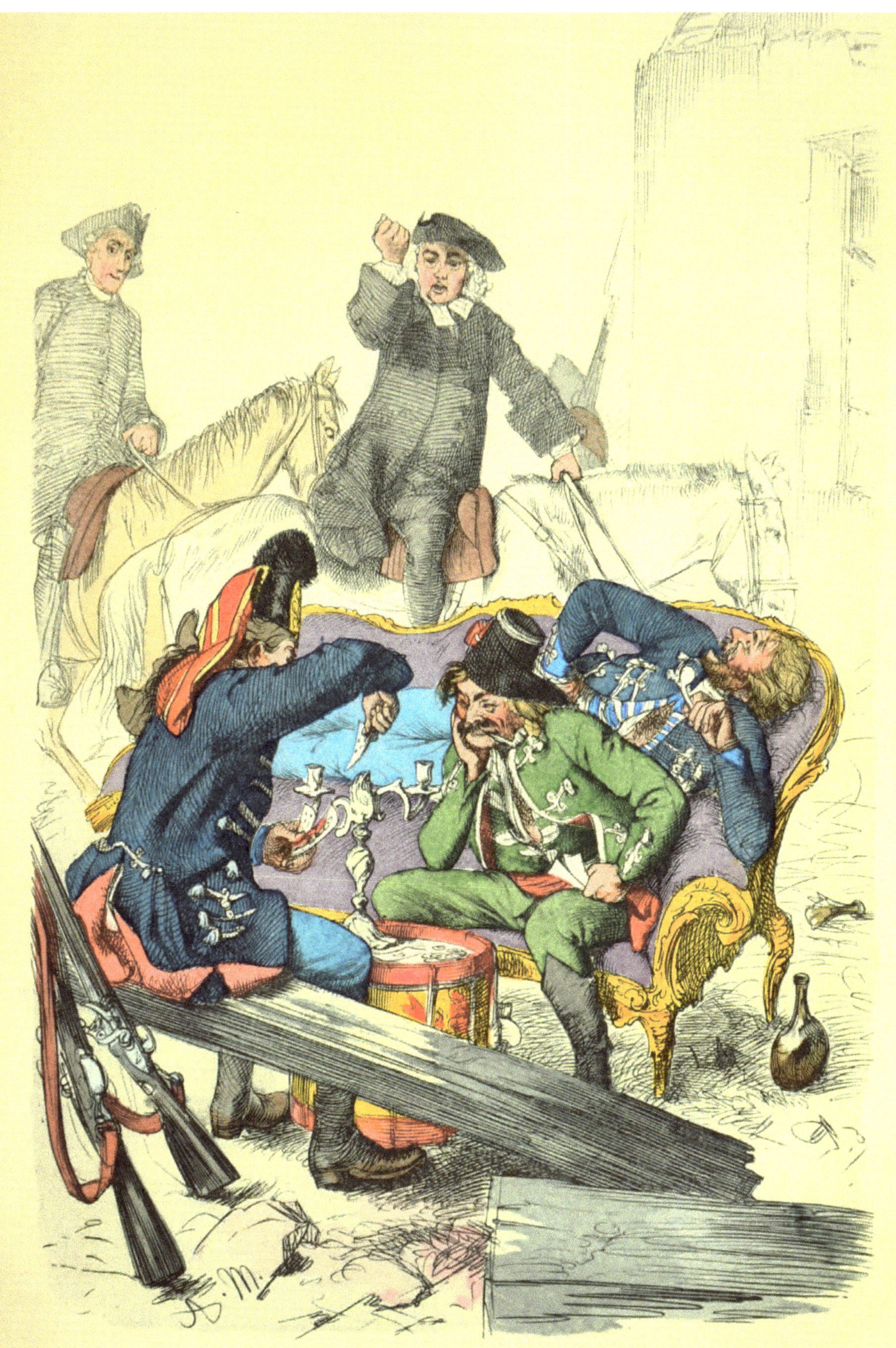

Feldprediger nebst Küster.

Preußische Frei-Corps des Siebenjährigen Krieges.

Frei-Corps v. Schony. — Grenadiere.

Frei-Corps v. Kleist. — Preußischer Kroat.

27

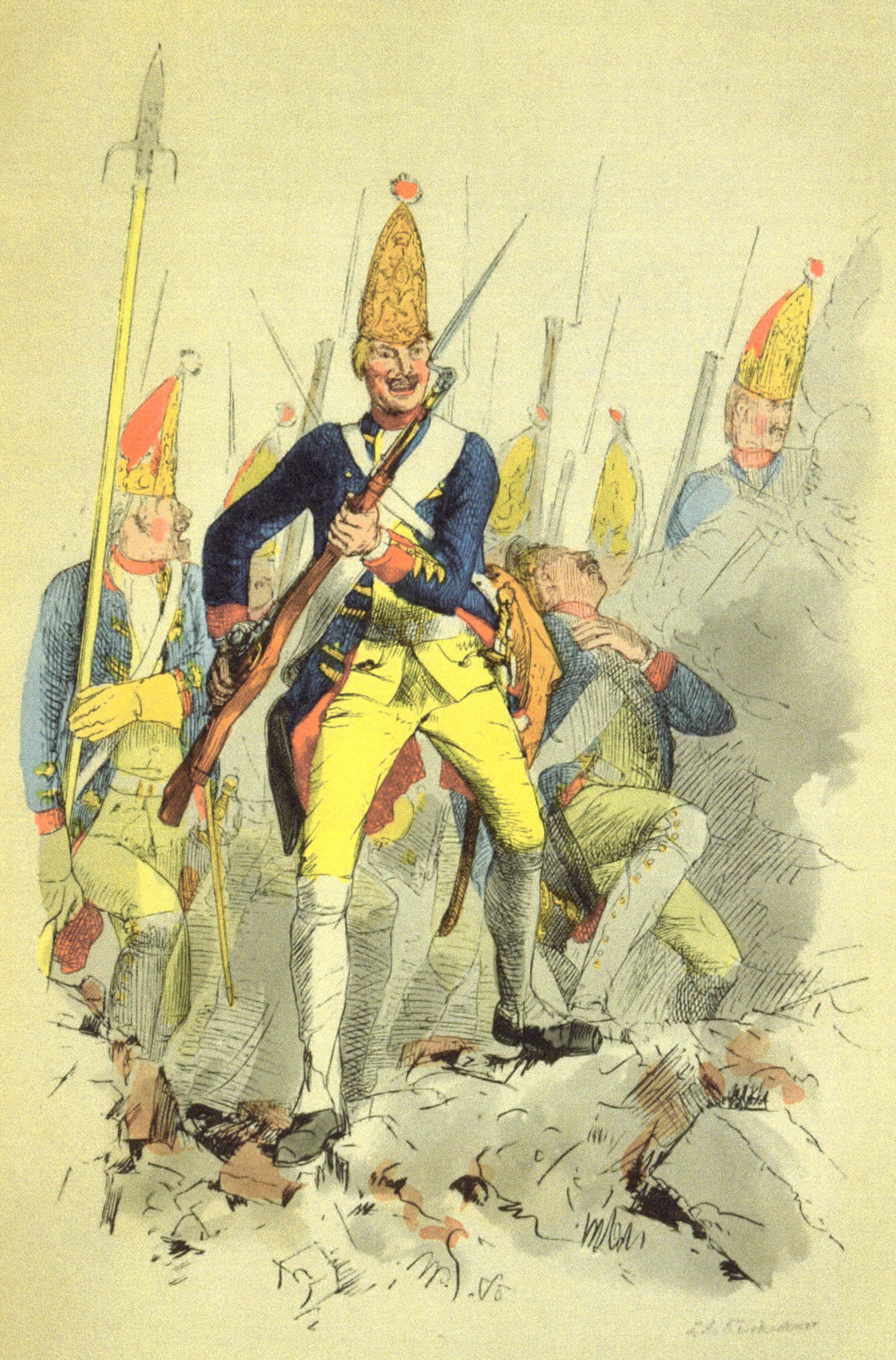

Grenadier-Garde-Bataillon (Nr. 6).

(1756.)

28

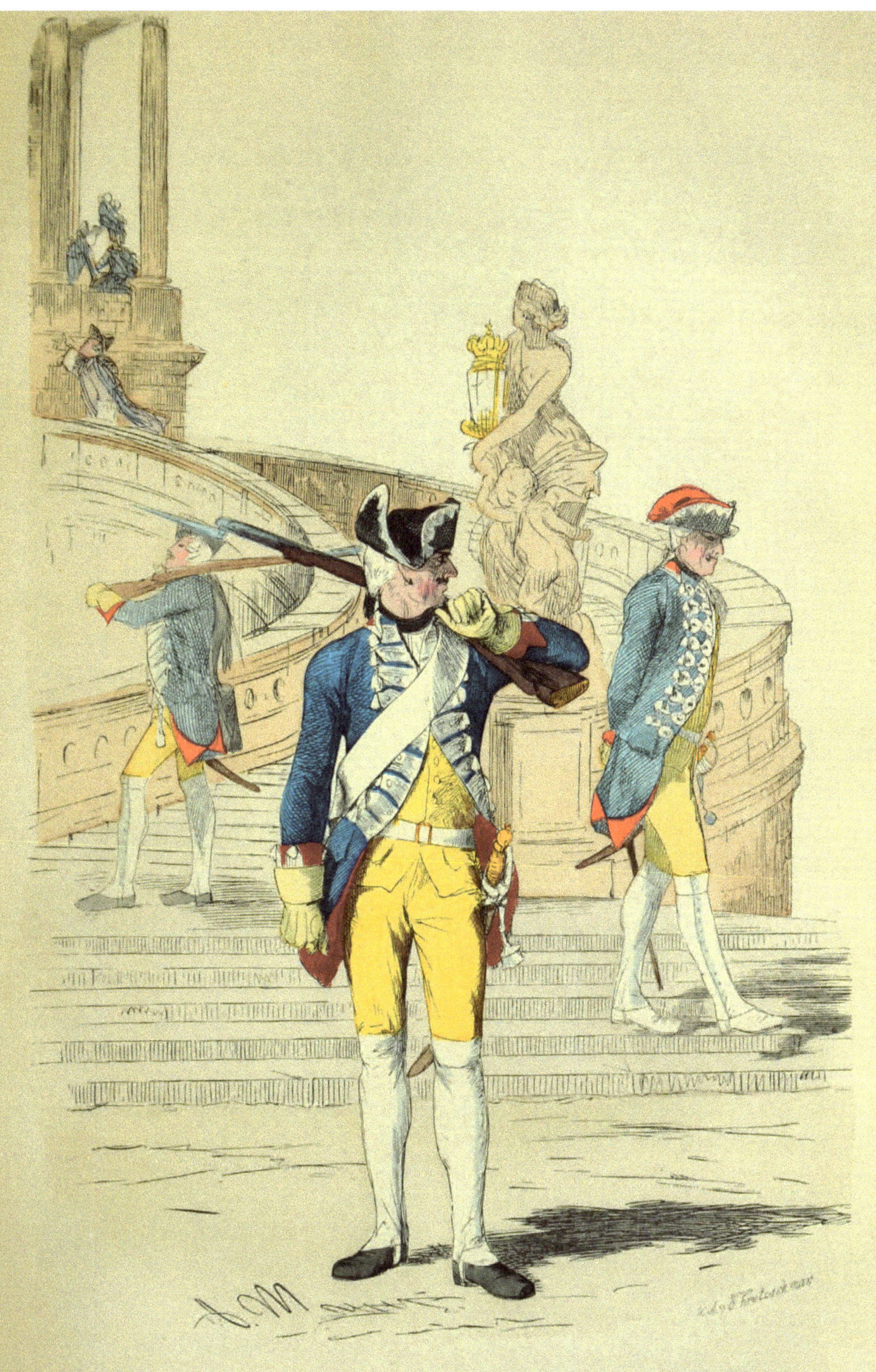

Erstes Bataillon Garde.

(Infanterie=Regiment Nr. 15.)

Gemeiner. Unteroffizier.

29

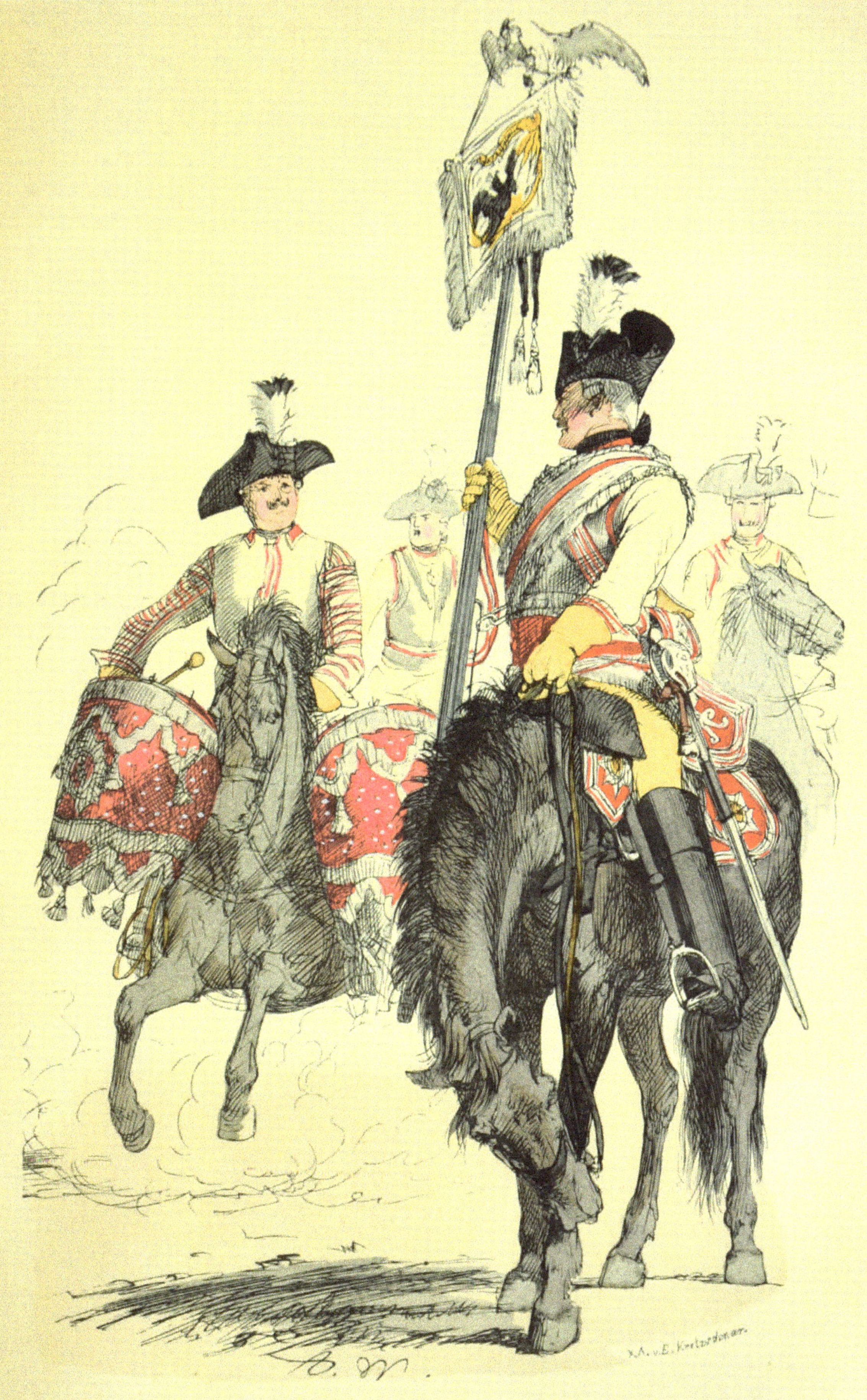

Garde du Corps (Nr. 13).

Pauker. Standartenjunker.

30

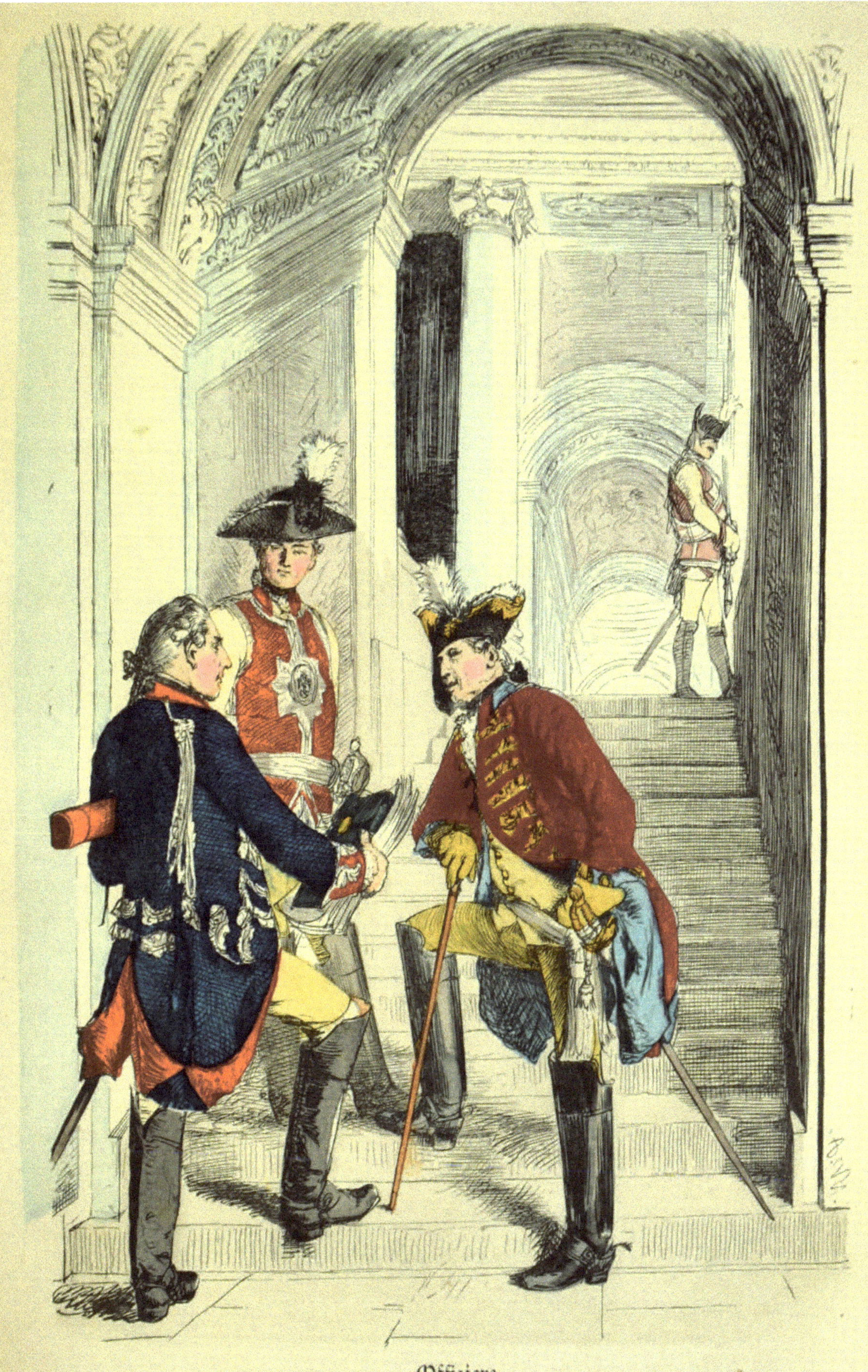

Offiziere.

Flügel-Adjutant. Garde du Corps. Regiment Gensd'armes.

(Galla=Uniform.) (Interims=Galla=Uniform.)

31

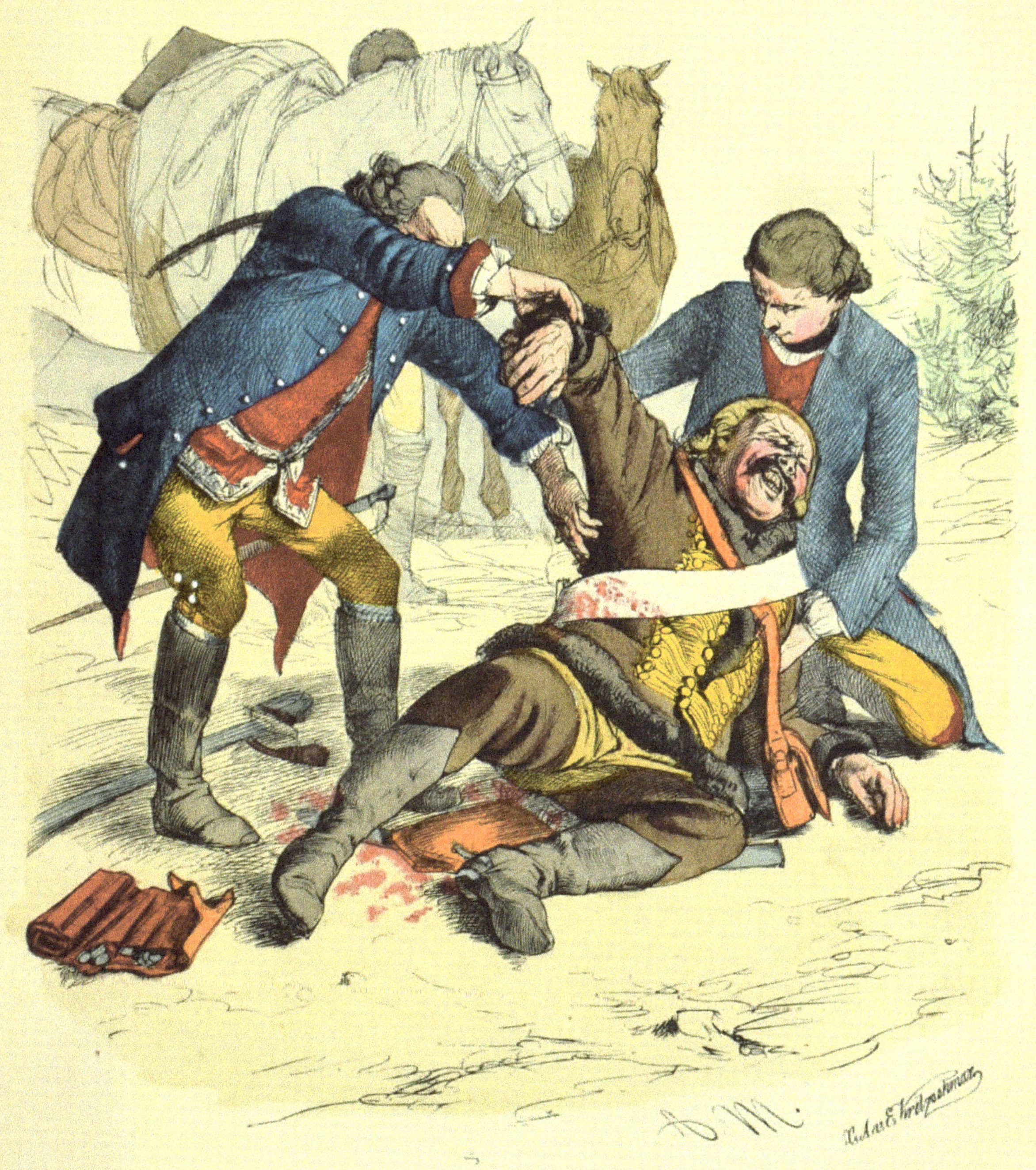

Feldscherer. Husar.

Sechstes Regiment (1757—85 Werner.)

www.ingramcontent.com/pod-product-compliance
Lightning Source LLC
LaVergne TN
LVHW060620110826
845147LV00019B/1061

9781474537575